RE THINK

GARTEN

DIYS & LIFEHACKS FÜR EIN NACHHALTIGES LEBEN

EVA WOLF

INHALT

GERÄTE & CO. 71

ÖKOLOGISCH BEWÄSSERN 87

ARTENSCHUTZ 99

GÄRTNERN OHNE GARTEN 127

NÜTZLICH & HILFREICH 141

MIT DER NATUR ARBEITEN – NICHT GEGEN SIE!

Das Gärtnern ist ein einzigartiger Weg, uns mit der Natur zu verbinden. Es reduziert nicht nur erwiesenermaßen Stress und fördert unsere mentale Gesundheit, sondern ist auch ein Hobby, das uns auf verschiedenste Weise guttut: die frische Luft in den Lungen, oft gepaart mit Sonnenschein und körperlicher Arbeit. Für mich ist der Garten auch eine Gelegenheit, meine Kreativität auszuleben und etwas mit meinen eigenen Händen zu schaffen. Und nichts ist schöner, als eine Biene dabei zu beobachten, wie sie eine von mir liebevoll herangezogene Blüte besucht, oder die erste Erdbeere zu ernten, mir das süße Aroma auf der Zunge zergehen zu lassen und wie jedes Jahr festzustellen, dass die eigene Ernte viel besser schmeckt als alles aus dem Supermarkt.

Meine Liebe und Verbundenheit zu Gärten hat schon in meiner Kindheit begonnen. Aufgewachsen in einem kleinen Dorf in Süddeutschland, habe ich stundenlang im Garten meiner Familie gespielt. Mein Highlight war das Ernten von Tomaten, Erdbeeren und Himbeeren. Als Kind und Teenager habe ich es als selbstverständlich empfunden, immer leckeres Obst und Gemüse zur Verfügung zu haben und einen grünen Ort, an dem ich jeden Nachmittag im Frühling, Sommer und Herbst verbringen konnte.

Nach der Schule hat es mich als Studentin nach Hamburg verschlagen. Beim Versuch, neue Leute kennenzulernen, pflanzten meine WG-Mitbewohnerin – und zu dem Zeitpunkt einzige Freundin in der Stadt – und ich einen Birnbaum im Uni-Garten. Genau dieses Event wurde dann der Startschuss für etwas Großes: Ich wurde aktives Mitglied in der Naturschutzorganisation NAJU und half von nun an bei vielen „Stadtnatur"-Projekten. Wir bauten Insektenhotels und Palettenmöbel, pflanzten einen kleinen Gemüsegarten hinter unserer Geschäftsstelle, hängten Nistkästen an Bäume und Gebäude und legten sogar eine eigene Fläche an: eine große Blühwiese für Insekten mit Insektenhotel. Neben der praktischen Arbeit lernte ich dort auch viel über die Natur und welche Auswirkungen wir als Menschen auf sie haben.

Als der Wunsch nach etwas Eigenem immer größer wurde, wurden mein Partner und ich Mitglieder in einem Gemeinschaftsgarten, in dem wir unser eigenes Beet betreuen durften. Nun das erste Mal das Zepter selbst in der Hand haltend, experimentierten wir viel. Was für uns von vornherein klar war: Unser Beet sollte nicht mit Chemikalien, schädlichen Düngern und Plastik in Kontakt kommen. Schon bald hatten wir mehr Zucchinis, als wir essen konnten und wollten, und einen Jahresvorrat an Chilis. Aber natürlich hatten wir auch den einen oder anderen Misserfolg, wie eine mittelschwere Schneckenplage, der viele Erdbeeren und Zucchinis zum Opfer fielen, oder eine riesige Kürbispflanze, an der nur leider kein einziger Kürbis wachsen wollte. Aber wir wurden mit jedem Jahr schlauer, lernten zum Beispiel zu mulchen, Kaffeesatz in den Boden einzuarbeiten, um Schnecken abzuschrecken, und dass Kürbisse einfach nicht glücklich mit ihrem Standort in unserem Beet waren.

Durch einen Umzug in einen anderen Stadtteil sind wir schließlich zum Urban Gardening auf dem eigenen Balkon gekommen. In Töpfen wachsen hier nun Chilis, Kräuter und Salate und in kleinen Beeten aus Holz finden Tomaten, Erdbeeren, Karotten, Radieschen und manchmal sogar eine Zucchini Platz. So gibt es auch auf kleinem Raum immer etwas zu ernten und zu werkeln.

Was ich in all den Jahren gelernt habe, ist, dass es fürs Gärtnern nicht viel mehr braucht als ein Stückchen Natur – und wenn es nur ein Pott mit Erde ist –, Wasser, meine Hände und was die Natur uns schenkt: Samen, Pflanzenabfälle, vermeintliches Unkraut. Außerdem ist die Natur schlau: Wer braucht künstliche Stickstoffdünger, wenn Hülsenfrüchte diesen ganz einfach selbst erzeugen und in die Erde bringen? Wer braucht Chemikalien, wenn stattdessen süße Marienkäfer die Blattläuse fressen?

In diesem Buch findest du Lösungen für Probleme in deinem Garten, Lifehacks, Anleitungen und andere praktische Tipps. Dabei arbeiten wir mit der Natur und nicht gegen sie, so wird dein Garten schon bald ein grünes Paradies sein, das nicht nur für dich da ist, sondern auch den Boden nachhaltig verbessert und Insekten und anderen Tieren ein Zuhause schenkt.

Deine Eva

WIE GÄRTEN UNSERE UMWELT BEEINFLUSSEN

In einer Zeit, in welcher der Klimawandel und der stetige Rückgang der Artenvielfalt große Herausforderungen für unsere Gesellschaft darstellen, können unsere individuellen Entscheidungen im Garten eine bedeutende Rolle spielen. Gärten sind nicht nur Orte der Ruhe und Entspannung und kleine grüne Oasen, sondern auch Teil des **Ökosystems**, in dem wir leben und von dem auch wir ein Teil sind. Jede Pflanze, die gesetzt wird, jeder Spatenstich und jeder Tropfen Wasser, der in den Boden fließt, trägt zu einem komplexen ökologischen Netzwerk bei. Die Art und Weise, wie wir unseren Garten gestalten und pflegen, beeinflusst die Gesundheit der Erde, die Vielfalt der Tier- und Pflanzenwelt und letzten Endes unser eigenes Wohlbefinden. Wenn wir bewusst nachhaltig gärtnern, können wir einen positiven ökologischen Fußabdruck hinterlassen.

Die Wahl von einheimischen Pflanzen fördert die Biodiversität und schafft Lebensräume für heimische Insekten, Vögel und andere Tiere. Die richtige Bodenpflege und Kompostierung erhält die Fruchtbarkeit des Bodens, unterstützt das Wachstum **gesunder** Pflanzen und verhindert Bodenerosion. Indem wir uns auf natürliche Schädlingsbekämpfungsmethoden konzentrieren und auf chemische Pestizide verzichten, können wir die Gesundheit von Böden, Gewässern, Pflanzen und Tieren schützen. Auch die verantwortungsvolle Nutzung von Wasser spielt eine wichtige Rolle. Effiziente Bewässerungssysteme helfen, Wasser zu sparen und Verschwendung zu vermeiden. Gleichzeitig kann das Auffangen von Wasser und die Nutzung von Regenwasser eine nachhaltige Wasserquelle bieten.

Es gibt viele Möglichkeiten, einen Garten **nachhaltig** zu gestalten und zu pflegen, und im Gegensatz zu dem, was häufig behauptet wird, bedeutet das nicht, dass du mehr Arbeit reinstecken musst oder am Ende weniger Ertrag hast. Im besten Fall wird dein Garten zu einem eigenen kleinen Ökosystem, in dem Nützlinge Schädlinge bekämpfen und Pflanzen einander vor Krankheiten schützen sowie durch eine sinnvolle Fruchtfolge die Nährstoffe im Boden erhalten

bleiben. Viele ökologische Entscheidungen müssen einmal getroffen und umgesetzt werden und tragen sich dann selbst. Andere werden einmal gelernt und können dann ganz leicht immer wieder angewandt werden. Und nicht zuletzt kann ein eigener Garten auch ein wunderbarer Ausgleich zur ständigen Arbeit am Bildschirm sein. Gartenarbeit kann Spaß machen und unsere mentale Gesundheit fördern.

Gleichzeitig können nicht nachhaltige Gartenpraktiken dazu führen, dass natürliche Ökosysteme gestört werden und unerwünschte Konsequenzen für die Umwelt entstehen. So werden zum Beispiel immer mehr Flächen für den Bau von Häusern versiegelt; diese haben dann zwar oft Gärten, aber meist bestehen die Flächen aus einem penibel gepflegten englischen Rasen, der wenig ökologischen Wert bietet. Auch Steingärten oder komplett gepflasterte Höfe und Einfahrten werden immer beliebter und so verlieren immer mehr Tiere und Pflanzen ihren Lebensraum und ihre Nahrungsquellen. Aber auch ein richtiger Garten mit Blumen, Kräutern und Gemüsepflanzen ist nicht immer ökologisch wertvoll. Invasive Pflanzen verdrängen und bedrohen unsere heimischen Arten und stören das ökologische Gleichgewicht. Der Einsatz von Pestiziden und anderen chemischen Mitteln, um den Garten zu pflegen, bedroht Insekten, andere Tiere und Pflanzen und führt zu einer Verunreinigung der Gewässer. So gefährdet ein nicht ökologischer Garten nicht nur sich selbst und die Pflanzen und Tiere darin, sondern er kann auch die umliegenden Ökosysteme beeinträchtigen und die Artenvielfalt verringern.

Ein nachhaltiger Garten kann vieles sein: eine Möglichkeit, uns mit gesundem Obst und Gemüse selbst zu versorgen, ein Ort der Erholung, an dem Tiere wie bedrohte Insekten, Vögel und Igel ein Zuhause und Nahrung finden, und allem voran ein Projekt, das unseren Ökosystemen nicht schadet, sondern ihnen guttut.

INSEKTENSTERBEN

Innerhalb der letzten 30 Jahre ist der Bestand fliegender Insekten in Deutschland um mehr als 75% gesunken. Von 561 Wildbienenarten gilt bereits die Hälfte als gefährdet und 16 Arten sind komplett ausgestorben. Bienen und andere Insekten wie Schmetterlinge sind nicht nur schön anzuschauen, sondern auch unverzichtbar für unsere Ökosysteme. Sie sorgen für die **Bestäubung** von Pflanzen, die uns Menschen und unzähligen Tierarten als Nahrungsquelle dienen. Die Gründe für das Insektensterben sind vielfältig und werden immer noch untersucht, es ist aber offensichtlich, dass wir Menschen eine große Rolle bei den Ursachen spielen.

Laut einer Studie der Welternährungsorganisation (FAO) der Vereinten Nationen sind weltweit etwa **75%** der **NAHRUNGSPFLANZEN** und **35%** der landwirtschaftlichen **NUTZPFLANZEN** auf die Bestäubung durch Bienen und andere bestäubende Insekten angewiesen.

PFLANZENSCHUTZMITTEL

Sogenannte Pflanzenschutzmittel oder Pestizide werden eingesetzt, um Pflanzen vor Schädlingen, Unkraut, Krankheiten und anderen schädlichen Organismen zu schützen und das Pflanzenwachstum zu fördern. Pflanzenschutzmittel oder Pestizide sind ein Sammelbegriff, der neben biologischen Mitteln auch viele chemische Produkte umfasst, zum Beispiel Herbizide und Insektizide. Neben der Nutzung in der Landwirtschaft werden chemische Pflanzenschutzmittel auch immer häufiger in unseren privaten Gärten verwendet.

Chemische Pflanzenschutzmittel sind einer der **Hauptverursacher** des weltweiten Bienen- und Insektensterbens. Sie beeinflussen das Nervensystem von Bienen und können diese bei Kontakt oder Aufnahme sofort töten oder dazu führen, dass die Tiere ihren Orientierungssinn verlieren, anfälliger für Krankheiten werden und ihre Fortpflanzungsfähigkeit beeinflusst wird.

Deutschland ist einer der **GRÖSSTEN** Verbraucher von Pflanzenschutzmitteln in der EU. Im Jahr 2019 wurden in Deutschland rund **35.600 TONNEN** Pflanzenschutzmittel verkauft. (Quelle: Statista)

Pestizide werden hauptsächlich in der Landwirtschaft eingesetzt, aber auch in privaten Gärten steigt die Nutzung. In deinem eigenen Garten kannst du auf chemische Pflanzenschutzmittel und Dünger einfach verzichten und somit zum Schutz von Bienen, Schmetterlingen und anderen wichtigen Insekten beitragen. Und das bedeutet keinesfalls, dass du mehr Arbeit mit deinem Garten haben wirst als mit dem Einsatz von Chemikalien. Im Gegenteil: Wer nachhaltig gärtnert, **spart sich viel Arbeit**, denn Schädlingen und Krankheiten lässt sich oft schon auf einfache und natürliche Weise vorbeugen oder, wenn es doch mal dazu kommt, kann man sie auf gleiche Weise bekämpfen. Außerdem ist es nicht nötig, jegliches Unkraut auszulöschen, denn viele sogenannten Unkräuter dienen Bienen sogar als Nahrungsquelle. Zusätzlich lassen sich daraus häufig natürliche Dünger und sogar leckere Salate und heilsame Tees zubereiten.

Laut einer **STUDIE** der Europäischen Umweltagentur aus dem Jahr 2020 sind in der europäischen Landwirtschaft **IN PESTIZIDEN 94 VERSCHIEDENE WIRKSTOFFE** zugelassen, die als besonders gefährlich für Bienen gelten.

LEBENSRAUM UND NAHRUNGSQUELLEN

Neben dem Einsatz von Chemikalien in der Landwirtschaft und in privaten Gärten macht auch der **Verlust** von Nahrungsquellen Bienen und anderen Insekten zu schaffen. Die Landwirtschaft baut zunehmend Monokulturen an und auch in und um die Felder herum wachsen durch den Einsatz von Pestiziden immer weniger Wildblumen und -pflanzen.

In den Dörfern und Städten werden außerdem immer mehr **Flächen versiegelt**, zum Beispiel für den Bau von Häusern und Infrastruktur. Aber auch Gärten und Vorgärten werden häufig nicht mehr als solche genutzt, sondern zu Schotterflächen umfunktioniert, gepflastert oder lediglich mit einem streng von Unkraut befreiten englischen Rasen versehen. Dadurch finden Bienen, Schmetterlinge und andere Insekten weniger Nahrung und Nistplätze, was ihnen nach und nach die Lebensgrundlage entzieht.

Zudem finden sich hierzulande immer mehr sogenannte invasive Pflanzen. Das sind nicht einheimische Pflanzen, die mit einheimischen Pflanzen in **Konkurrenz** stehen und diese häufig verdrängen. Für Bienen und andere Insekten ist das problematisch, weil sie sich im Laufe der Evolution optimal an unsere heimischen Pflanzen angepasst haben und nur diese ihnen als Nahrungsquelle dienen können. Die invasiven Arten bieten oft weniger Nährstoffe in Form von Pollen und Nektar. Beispiele für bereits in Deutschland etablierte invasive Arten sind Robinien, auch „falsche Akazien“ genannt, und Götterbäume.

Ein nachhaltig angelegter Garten mit heimischen Pflanzen kann daher eine grüne Oase und ein Rückzugsort nicht nur für dich selbst sein, sondern auch für viele Tiere. Und Artenvielfalt und -schutz ist nicht nur für Insekten dringend nötig.

VERUNREINIGUNG VON GEWÄSSERN UND WASSERKNAPPHEIT

Wir nehmen unsere Gewässer oft als selbstverständlich wahr. Allein durch Deutschland fließen ca. 900 Flüsse, die länger als 10 Kilometer sind, und noch dazu gibt es unzählige Seen, Teiche und Moore. Diese bieten einzigartige Lebensräume für Tiere und Pflanzen, sie werden aber auch häufig zur Trinkwasserversorgung und als Teil des allgemeinen Wasserkreislaufs verwendet. Durch den Klimawandel kommt es immer häufiger zu Dürren und anderen **Extremwetterereignissen**, aber auch die allgemeine Erwärmung der Gewässer macht den Ökosystemen zu schaffen. Zusätzlich machen auch Pestizide und Chemikalien keinen Halt vor unseren Gewässern.

PESTIZIDE

Chemikalien, wie Pestizide, gelangen durch die Landwirtschaft, aber auch aus privaten Gärten in die Gewässer, zum Beispiel durch einen Bach oder Wassergraben in der Nähe des Einsatzortes oder indem sie direkt ins Grundwasser durchsickern. Diese Chemikalien stören das Ökosystem der Gewässer und greifen darin lebende Tiere und Pflanzen an. In besonders betroffenen Gewässern kommen einige dort normalerweise lebende Mikroorganismen bereits gar nicht mehr vor.

Laut Daten des Umweltbundesamtes aus dem Jahr 2020 überschritten 69 % der untersuchten OBERFLÄCHENGEWÄSSER (zum Beispiel Flüsse, Seen und Teiche) in Deutschland die UMWELTQUALITÄTSNORMEN für Pestizide.
(Quelle: Umweltbundesamt)

Aber auch an den Gewässern lebende Insekten, wie Libellen, und andere Tiere werden durch die Chemikalien gestört. Durch die Belastung des Grundwassers kommen die Pestizide sogar direkt bei uns Menschen an. Neben dem Kauf von Biolebensmitteln kannst du deinen Beitrag zu weniger Pestiziden in Gewässern leisten, indem du deinen Garten rein ökologisch und ohne Chemikalien betreibst. Dafür gibt es zum Glück viele Möglichkeiten und die meisten davon sind – im Gegensatz zu Chemikalien – bereits seit hunderten Jahren im Umlauf und schon fast ein Teil unserer Kultur.

In Deutschland gilt fast ein DRITTEL der Grundwasserkörper als BELASTET. Die häufigste Ursache dafür ist das – auch aus der Landwirtschaft stammende – NITRAT, dicht gefolgt von Pestiziden.

NITRAT UND PHOSPHOR

Nitrat und Phosphor werden in der Landwirtschaft als Dünger eingesetzt. Bei Nitrat handelt es sich um Salze und Ester der Salpetersäure, die für Pflanzen als Stickstoffdünger einen wichtigen Nährstoff abbilden. Phosphor ist ein Element und ebenfalls ein essentieller Nährstoff für Pflanzen. Es kommt in verschiedenen Düngemitteln vor, wie zum Beispiel tierischen Exkrementen, phosphorhaltigen Gesteinen, aber zum Beispiel auch im Kompost.

Was erstmal gut klingt, kann sowohl für die Gesundheit des Menschen als auch für unsere Umwelt negative Folgen haben. Nitrat kann zum Beispiel für Säuglinge schädlich sein und steht unter Verdacht, krebserregend zu sein. Beide Düngemittel stellen außerdem eine Herausforderung für unsere komplexen Ökosysteme dar. Kommt es zu einer Überdüngung, was aktuell in der Landwirtschaft und in Gärten häufig der Fall ist, gelangen Nitrat und Phosphor in Gewässer und ins Grundwasser. Beide Stoffe führen im Wasser dann zu einem übermäßigen Algenwachstum. Dadurch gerät das Ökosystem aus den Fugen, da die Algen mehr Sauerstoff verbrauchen, als sie während der Photosynthese produzieren können. Diese Situation führt zur Eutrophierung der Gewässer – ein Prozess, bei dem der Sauerstoffgehalt im Wasser abnimmt. Dieser Sauerstoffmangel beeinträchtigt andere Pflanzen und Tiere im Gewässer, die schließlich sogar daran sterben können.

Was wir daraus für den eigenen Garten lernen können? Richtig düngen ist das A und O! Düngemittel sollten nicht übermäßig eingesetzt werden. Am besten ist es, wenn wir selbst Dünger produzieren, der weniger stark und damit einfacher zu dosieren ist. Damit wählen wir eine nachhaltige Methode, um den Boden mit den wichtigen Nährstoffen anzureichern. Außerdem bildet der eigene Garten ein Ökosystem ab, das durch nachhaltiges Gärtnern im Gleichgewicht gehalten werden kann, ohne sich selbst und dem Rest der Umwelt zu schaden.

WASSERKNAPPHEIT

Neben der Belastung der Gewässer ist auch Wasserknappheit ein immer größer werdendes Thema für unsere Gesellschaft und die Umwelt. In Deutschland steht die Trinkwasserversorgung seit einigen Jahren vor ständig neuen Herausforderungen. Während es im Frühjahr kaum noch regnet, werden im Sommer immer neue Hitzerekorde gebrochen und das Land wird von Dürren heimgesucht. Und auch wenn Deutschland grundsätzlich ein wasserreiches Land ist, ist Wasser eine endliche Ressource. Vielerorts wird im Sommer bereits verboten, Gärten zu bewässern, um Wasser zu sparen.

Um den eigenen Garten weiter betreiben zu können und damit auch unseren Teil zur Artenvielfalt beizutragen, gilt es also, sparsam mit Wasser umzugehen. Besonders wichtig ist es dabei, möglichst kein frisches Wasser für den Garten zu benutzen, sondern welches aufzufangen und wiederzuverwenden. Außerdem gibt es viele Möglichkeiten, Pflanzen wassersparend anzubauen; nicht zuletzt kann man auf alte Sorten zurückgreifen, die oft weniger Wasser benötigen. Ein nachhaltiger Garten verbraucht so wenig Wasser wie möglich und setzt sich somit gegen die Wasserknappheit ein.

BODENDEGRADATION UND -ERHALTUNG

Eine weitere natürliche Ressource, die gerne unterschätzt wird, sind unsere Böden. Ein gesunder Boden ist ein Zusammenspiel aus Mikroorganismen, Insekten, Würmern und Pflanzen, die miteinander interagieren, Nährstoffe zersetzen, transportieren und aufnehmen. Ein nicht nachhaltig angelegter Garten kann unseren Böden schaden, während ein nachhaltiger Garten mit der Natur im **Einklang** ist und die Bodenqualität schützt oder sogar verbessert.

Durch langjährige, intensive landwirtschaftliche Nutzung verschlechtert sich zunehmend die Qualität unserer Böden, was als Bodendegradation bezeichnet wird. Monokulturen und der Einsatz von Pestiziden, Chemikalien sowie mineralischen Düngemitteln gelten hierbei als wesentliche Auslöser. Die Folge dieser abnehmenden **Bodenqualität** ist eine erhöhte Anfälligkeit für Erosion – eine übermäßige Abtragung – und eine verminderte Fähigkeit, Wasser effizient zu speichern und abzuleiten. Im schlimmsten Fall kann dies sogar zu einem kompletten Verlust des Ökosystems führen, bei dem auf dem Boden nichts mehr wachsen kann. Diese Gefahr besteht sowohl für große Flächen als auch für kleinere Ökosysteme wie Gärten.

Laut Angaben des UNEP (UN Environment Programme) aus dem Jahr 2017 war bereits zu diesem Zeitpunkt ein **DRITTEL** der weltweiten **LANDFLÄCHE** durch **BODENDEGRADATION** beeinträchtigt. Diese bedenkliche Entwicklung wirkt sich auf mehr als **2,6 MILLIARDEN MENSCHEN** aus und verursacht jährliche Kosten von bis zu **10,6 BILLIONEN US-DOLLAR** durch den Verlust von Ökosystemdienstleistungen.

Ein einmal degradierter Boden erholt sich in der Regel nicht mehr von selbst. Es ist aber möglich, einen Boden wiederherzustellen oder noch besser: ihn von Anfang an zu schützen. Beim Gärtnern liegt die Antwort dabei in einem nachhaltigen Garten. Durch Mischkulturen und Fruchtwechsel kann die **Vielfalt** im Garten gefördert werden, was auch den Boden schützt. Außerdem kann ein Kompost angelegt werden, um die Bodenstruktur zu verbessern und Mikroorganismen in das Ökosystem zu bringen. Weitere wichtige Faktoren, um die Bodenqualität zu erhalten, sind eine schonende Bewirtschaftung, um den Mikroorganismen nicht zu schaden und der Verzicht auf Pestizide, Chemikalien und mineralische Dünger.

WEITERE ÖKOLOGISCHE HERAUSFORDERUNGEN IM GARTEN

Insekten, Gewässer und Böden sind nicht nur ein wichtiger Teil eines jeden Gartens, sondern auch unseres gesamten Ökosystems. Wir Menschen sind außerdem von allen drei „Ressourcen" abhängig, sie sind Teil unserer Lebensgrundlage. Aber ihre Erhaltung sind nicht die einzigen ökologischen Herausforderungen, die mit unseren Gärten in Verbindung stehen.

VERLUST DER ARTENVIELFALT

Nicht nur Insekten sind vom Artensterben betroffen, auch andere Tiere wie diverse Vogelarten oder Igel haben mit dem Verlust von Lebensräumen und Nahrung zu kämpfen. Und nicht zuletzt stehen verschiedene Pflanzen auf der sogenannten Roten Liste und sind damit vom

Aussterben bedroht. Die Landwirtschaft setzt seit vielen Jahren auf Monokulturen, wodurch nur noch bestimmte Pflanzen angebaut werden, die besonders ertragreich sowie schädlings- und krankheitsresistent sind.

Viele alte Sorten, die für die Landwirtschaft schwieriger anzubauen oder weniger ertragreich sind, geraten dadurch in Vergessenheit.

PLASTIK

Eine weitere große Herausforderung für unsere Umwelt ist die weitreichende Nutzung von Plastik. Das einst für Langlebigkeit entwickelte Material wird heute zumeist für Gegenstände verwendet, deren Lebensdauer nur wenige Minuten oder Stunden umfasst. Wenn Plastik in der Natur landet, braucht es mehrere hundert Jahre, um sich **aufzulösen**. Es ist nicht vollständig geklärt, ob es sich je komplett zersetzt, in jedem Fall aber zerlegt es sich in immer kleinere Teile, die Mikroplastik genannt werden. Sowohl größere Plastikteile als auch Mikroplastik können in der Natur viel Schaden anrichten. Tiere verwechseln es zum Beispiel häufig mit Nahrung, können es aber nicht mehr ausscheiden, und so werden immer wieder gestrandete Wale und tote Vögel gefunden, die mit einem Magen voller Plastik verhungert sind. Auch können sich Tiere in Plastikteilen **verfangen** und haben oft nicht die Möglichkeit, sich daraus wieder zu befreien.

In Gärten findet immer mehr Plastik Einzug: zum Beispiel als Beetbegrenzung, in Form von Vogelschutznetzen über Beerensträuchern, als Schneckenschutz oder in Gartenwerkzeugen. Dabei ist es alles andere als nötig, dieses Material im Garten einzusetzen, schließlich wurde zuvor schon hunderte Jahre erfolgreich ohne Plastik gegärtnert. Beim nachhaltigen Gärtnern kann einfach **auf Plastik verzichtet** werden, indem Schädlinge natürlich bekämpft und Werkzeuge und Tools aus anderen Materialien genutzt werden.

PERMAKULTUR

Permakultur ist eine landschaftliche Gestaltungsmaßnahme, bei der Ökosysteme und Kreisläufe in der Natur beobachtet und dann nachgeahmt werden. Dadurch entsteht ein naturnahes System, um Gartenbau und Landwirtschaft zu betreiben. Inzwischen hat sich aus der Permakultur außerdem eine internationale Bewegung entwickelt, die nicht nur auf Gärten und Landwirtschaft, sondern auch auf Architektur, Gemeinschaftsorganisation und persönliches Wachstum angewendet wird.

GRUNDSÄTZE

In der Permakultur gibt es drei ethische Grundsätze: Earthcare, Peoplecare und Fairshares. Der erste Grundsatz, Sorge für die Erde, bedeutet, natürliche Ressourcen zu schützen und zu erhalten, indem ökologische Prozesse und Kreisläufe respektiert werden. Der zweite Grundsatz, Sorge für die Menschen, beinhaltet das Schaffen von lebenswerten Umgebungen und die Unterstützung der Gemeinschaft. Permakultur strebt danach, grundlegende menschliche Bedürfnisse wie Nahrung, Wasser, Unterkunft und soziale Bindungen zu erfüllen. Und der letzte Grundsatz, fairer Austausch, betont die gerechte Verteilung von Ressourcen und die Begrenzung des Konsums, um Überschüsse mit anderen zu teilen und die natürlichen Grenzen zu respektieren.

PERMAKULTUR IM GARTEN

Im Gartenbau bezieht sich Permakultur auf das Nachahmen von natürlichen Ökosystemen mit dem Ziel, produkti-

der Maschinen wie Traktoren oder Pflüge eingesetzt, noch findet man Kunstdünger oder Pestizide. Gleichzeitig wirft der Hof pro Quadratmeter ein Vielfaches der Erträge ab, die in konventioneller Landwirtschaft üblich sind.

Von der Permakultur können wir unzählige Konzepte im eigenen Garten anwenden, die Arbeit, Schädlinge und Krankheiten, Wasserverbrauch und Flächenbedarf minimieren. Permakultur-Gärten werden **langfristig** geplant, um sich im Laufe der Zeit zu entwickeln und zu gedeihen. Sie berücksichtigen das lokale Klima, die Bodenbeschaffenheit und die natürlichen Gegebenheiten des Standorts. Ein wichtiger Grundsatz der Permakultur ist die Förderung der Biodiversität. Im Permakulturgarten werden verschiedene Pflanzenarten miteinander kombiniert, um symbiotische Beziehungen zu schaffen. **Mischkultur** und Mischpflanzung helfen, Schädlinge abzuwehren, die Bodengesundheit zu erhalten und die Nutzung von Ressourcen zu optimieren. Außerdem berücksichtigen Permakulturgärten die Bedürfnisse von Tieren und Insekten und schaffen Lebensräume, die zur Artenvielfalt beitragen, zum Beispiel durch die Anlage von Teichen, Hecken und Insektenhotels.

Ein weiterer Schlüsselaspekt der Permakultur ist die Wassereffizienz.

ve und widerstandsfähige Gärten zu schaffen, die im Einklang mit der Natur arbeiten. Wer einen Permakulturgarten besichtigt, wird dort wild aussehende Natur mit viel Kalkül vorfinden: Kaum ein Fleckchen ist unbedeckt, unter Obstbäumen wächst Wurzelgemüse oder Kohl, an Maispflanzen ranken Bohnen, und wo gerade mal nichts wächst, verrotten Mulch oder andere Pflanzenreste. Gleichzeitig findet ein Kreislauf statt, denn alles wird **verwertet**: Aus den Pflanzen werden Samen gewonnen, um neue Pflanzen zu ziehen, die Ernte wird zur Selbstversorgung genutzt und jeder Abfall wird zu Kompost und damit zu neuer nährreicher Erde.

Ein gutes Beispiel für ausgelebte Permakultur im Gartenbau ist die Farm *Bec Hellouin* in Frankreich. Dort werden we-

Techniken wie Tropfbewässerung, Regenwassernutzung und die Anlage von Hügelbeeten tragen dazu bei, Wasser zu sparen und gleichzeitig die Bedürfnisse der Pflanzen zu erfüllen.

PERMAKULTURGARTEN IN ZONEN

Ein Konzept, das in der Permakultur gerne eingesetzt wird, ist die sogenannte Zonierung von Gärten. Dabei werden mit dem Haus im Mittelpunkt Zonen angelegt, die unterschiedlich stark gepflegt werden müssen. Direkt um das Haus herum werden Pflanzen angebaut, die täglich genutzt und intensiv gepflegt werden, wie zum Beispiel Kräuter. In der nächsten Zone werden Pflanzen angebaut, die etwas weniger intensiv genutzt und gepflegt werden, zum Beispiel ein Gemüsegarten mit Salaten und Gemüsepflanzen. Drumherum werden weitere Zonen gezogen, zum Beispiel landwirtschaftliche Zonen zum Getreideanbau, Obstbäume oder Wiesen. Die letzte Zone ist dann die Wildnis, in die der Mensch gar nicht eingreift, zum Beispiel ein Wald.

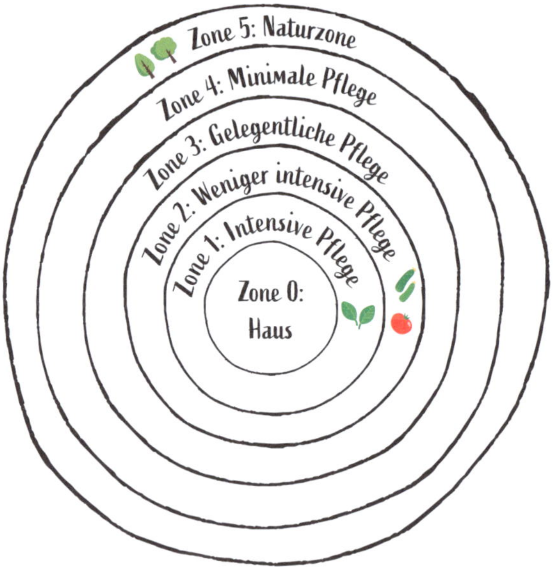

Dieses System dient vor allem der Effizienz, um sich zum Beispiel das Zurücklegen von unnötig langen Wegen zu sparen. Es ist aber auch ökologisch wertvoll, da es den Eingriff in Zonen, die weniger oder gar keine Bewirtschaftung von Menschen benötigen, minimiert. Die Zonen müssen dabei nicht unbedingt kreisrund um das Haus herum verlaufen, sondern können je nach Grundstück und Garten abgewandelt werden.

ERNTE & SELBST-VERSORGUNG IM EIGENEN GARTEN

Selbstversorgung ist ein großes Wort, mit dem viele verbinden, komplett autark von der Außenwelt zu leben: das eigene Essen anzubauen, den eigenen Strom zu produzieren, aber auch selbst Möbel und Kleidung herzustellen und insgesamt von niemandem mehr abhängig zu sein. Was für manchen wie ein Traum klingt, ist für die meisten von uns nicht erreichbar, denn sich komplett selbst zu versorgen, kostet wahnsinnig viel Zeit. Und Fläche, denn der Anbau von Lebensmitteln wie Getreide und Pflanzen zur Ölgewinnung oder auch für Stoff benötigt viel Platz. Trotzdem sind manche Aspekte der Selbstversorgung durchaus alltagstauglich. Auch wenn es vielleicht nie mit der kompletten Selbstversorgung klappt, ist sie ein reizvolles Konzept, das auch nachhaltig sein kann. Je mehr Gemüse du zum Beispiel im eigenen Garten anbaust, umso weniger muss dazugekauft werden. Und mit jeder Tomate, die nicht im beheizten Gewächshaus angebaut und einmal um die halbe Welt verschifft wird, sondern aus deinem eigenen Garten direkt vor deiner Haustür stammt, sparst du CO_2 und möglicherweise auch umweltschädliche Pestizide und Chemikalien ein.

Um den eigenen Garten für die Lebensmittelversorgung zu nutzen oder diese zumindest zu ergänzen, wird ein Hauptfokus auf den Anbau von Obst, Gemüse, Kräutern und essbaren Pflanzen gelegt. Dabei wird es viele überraschen, wie groß die Vielfalt an essbaren Pflanzen ist. Zum Beispiel ist die verschriene **Brennnessel** nicht nur hervorragend geeignet, um daraus Dünger herzustellen, sondern auch eine leckere, gesunde und nährstoffreiche Alternative zu Spinat. Neben Pflanzenkenntnis und dem Anbau von möglichst vielen unterschiedlichen Pflanzen, die zu verschiedenen Zeitpunkten geerntet werden, ist es auch essenziell, sich mit der Lagerung und Haltbarmachung von Lebensmitteln auseinanderzusetzen.

LAGERUNG

Die richtige Lagerung von Lebensmitteln sorgt nicht nur dafür, dass sich ihre **Haltbarkeit** verlängert, sondern bewahrt auch den Geschmack und die Nährstoffe. Manche Gemüsesorten lagern am liebsten in einem kühlen, trockenen Keller, wie zum Beispiel Äpfel, Kartoffeln, Kürbisse, Zwiebeln und Knoblauch. Durch die richtige Lagerung halten sie sich monatelang und können uns daher, je nach Ausmaß der Ernte, bis weit in den Winter oder sogar bis ins kommende Jahr versorgen. Exotische Früchte wie Zitronen und Bananen mögen hingegen Zimmertemperatur. Blattgemüse wie Spinat oder Salate kannst du in einen nassen Stoffbeutel einwickeln und in den Kühlschrank legen. Frische Kräuter können in einem Glas oder einer Dose mit Wasser in den Kühlschrank gestellt werden, so bleiben sie für einige Tage frisch. Tomaten hingegen gehören nicht in den Kühlschrank, da sie dort ihren Geschmack verlieren. Durch die richtige Lagerung **vermeidest** du Lebensmittelabfälle und kannst dich für längere Zeit mit deiner eigenen Ernte versorgen. Viele Gemüse sind aber anspruchsvoller als die beliebte Lagerware und brauchen etwas raffiniertere Taktiken, um sie länger als einige Tage haltbar zu machen.

HALTBARMACHUNG

Es gibt viele Methoden der Haltbarmachung, die je nach Gemüse-/Obstart stark variieren. Für einige Kräuter wie Rosmarin, Thymian oder Liebstöckel und Gemüse wie Chilis oder Knoblauch ist es völlig ausreichend, diese an eine Schnur zu hängen und über einen längeren Zeitraum **trocknen** zu lassen. Andere Kräuter wie Basilikum, Schnittlauch, Koriander oder Minze sowie Obst wie Beeren und Gemüse wie Erbsen, Bohnen oder Brokkoli können einfach eingefroren werden.

Eine weitere beliebte Methode zur Haltbarmachung ist das **Einkochen und Einmachen** der Ernte. Tomaten können zum Beispiel zu Soße verarbeitet und dann heiß in saubere Gläser gefüllt und verschlossen werden. Aus Obst lassen sich in Verbindung mit Zucker leckere Marmeladen, Gelees und Konfitüren herstellen. Und Gemüse wie Gurken, Rote Beete oder grüne Bohnen kann man beispielsweise mit Essig und Gewürzen einlegen und so einmachen.

Aus manchen Blumen wie Holunderblüten oder Magnolien oder Kräutern wie Basilikum kannst du einen leckeren Sirup kochen und dann in Verbindung mit Sprudelwasser monatelang leckere Limos genießen. Und aus Löwenzahn und Gänseblümchen lässt sich sogar veganer Honig herstellen.

Fermentieren ist eine weitere sehr gesunde Methode, um deine Ernte langfristig haltbar zu machen. Es ist ein biologischer Prozess, bei dem Mikroorganismen Lebensmittel unter kontrollierten Bedingungen zersetzen und dadurch haltbar machen. Ein in Deutschland sehr beliebtes fermentiertes Produkt ist zum Beispiel Sauerkraut, aus dem asiatischen Kulturraum ist Kimchi sehr bekannt.

BODENERHALTUNG & NACHHALTIGES DÜNGEN

Wenn du an deinen Garten denkst, siehst du vielleicht sattes Grün und ein Meer aus Blüten, aber sicher nicht den Boden, auf dem all das wächst. Ein gesunder Boden ist der Schlüssel fürs erfolgreiche Gärtnern, mit ihm beginnt jeder Garten und jede Pflanze wird irgendwann wieder zu Erde, wenn sie durch Mikroorganismen zersetzt wird. Verwandle Küchen- und Gartenabfälle in wertvollen Kompost, lerne die Ansprüche deiner Pflanzen kennen und setze auf nachhaltige Dünger.

DIE RICHTIGE ERDE KAUFEN

Jeder Garten beginnt mit Beeten und vor allem mit Erde. Leider fängt es auch schon bei der Erde an, dass nicht nachhaltige Praktiken dazu beitragen, die Böden zu zerstören und damit unserer Umwelt zu schaden.

In herkömmlicher Gartenerde, die du zum Beispiel im Baumarkt kaufen kannst, ist häufig Torf enthalten. Torf ist zwar ein Naturprodukt, der Abbau hat aber verheerende Folgen für die Umwelt, denn Torf stammt aus Mooren. Moore sind nicht nur ein wichtiger natürlicher Lebensraum, sondern auch einer der wichtigsten CO_2-Speicher. Um Torf abzubauen, werden Moore trockengelegt, was den natürlichen Lebensraum zerstört und viel CO_2 freisetzt. Nötig ist das aber definitiv nicht, um erfolgreich zu gärtnern, denn es gibt viele Alternativen zu Torf. Beim Kauf von Gartenerde solltest du daher unbedingt darauf achten, dass diese **torffrei** ist.

Außerdem solltest du darauf achten, nur **Bio-Erde** zu kaufen. In Erde, die nicht bio ist, können Kunstdünger und andere unnatürliche Komponenten wie Spuren von Schwermetallen enthalten sein. Anders als bei Lebensmitteln gibt es bei Erde keine offizielle Bio-Zertifizierung. Es gibt aber einige Siegel, zum Beispiel von ECOCERT oder der Grünstempel-Ökoprüfstelle. Bio-zertifizierte Erde ist häufig auch torffrei, das muss aber nicht miteinander einhergehen. Es lohnt sich also, nach beiden Merkmalen Ausschau zu halten.

NACHHALTIG DÜNGEN

Um Pflanzen wie Zucchinis oder Tomaten, die einen hohen Nährstoffbedarf haben, erfolgreich anbauen zu können, muss viel gedüngt werden. Die Beete für diese sogenannten Starkzehrer werden mit viel Dünger vorbereitet und dann muss auch während der Wachstumszeit immer wieder gedüngt werden. Beim biologischen Gärtnern wird dabei auf Kreisläufe gesetzt: Bodenlebewesen wie Würmer und Mikroorganismen werden mit organischen Düngern oder Materialien **gefüttert**, was dazu führt, dass Nährstoffe aufgeschlossen werden, welche die Pflanzen dann aufnehmen können. Die meisten Dünger scheinen auf den ersten Blick nachhaltig zu sein, denn Stoffe, die nach Chemie oder unnatürlichem Ursprung schreien, werden in Düngern eigentlich nicht eingesetzt. Um wirklich nachhaltig zu gärtnern und die Umwelt zu schützen, gibt es aber insbesondere zwei Dinge, die du unbedingt vermeiden solltest: Torf und mineralische Dünger.

In vielen Düngern, auch in solchen, die sich als „nachhaltig" ausgeben, wird Torf eingesetzt, was problematisch ist (siehe gegenüber). Und Torf ist als Dünger nicht notwendig, denn es gibt viele nachhaltige **Alternativen**.

Mineralische Dünger schaden dem Boden derweil auch aktiv, denn sie werden häufig unter Einsatz fossiler Energien produziert und bestehen aus synthetischen Inhaltsstoffen. Außerdem kann mit mineralischen Düngern schnell eine Überdüngung passieren, das heißt, die **Nährstoffe** landen nicht ausschließlich bei der Pflanze, sondern werden ausgewaschen und gelangen anschließend in Gewässer oder ins Grundwasser. Das kann zu einer Eutrophierung von Gewässern führen (siehe S. 13), was letztlich bedeutet, dass erst das Algenwachstum stark angekurbelt wird und es dann zu einer Knappheit von Sauerstoff im Gewässer kommt. Die Folge ist ein verstärktes Sterben von Wasserlebewesen wie Fischen, Seesternen und Muscheln.

DIY-DÜNGER: BRENNNESSELJAUCHE

Brennnesseljauche ist stickstoffreich und daher ein hervorragender nachhaltiger Dünger für deine Pflanzen.

MATERIAL

- Gartenhandschuhe
- Gartenschere
- Brennnesseln
- Eimer

1 Schütze deine Hände mit Gartenhandschuhen, damit du dich nicht nesselst. Sammle ein paar Handvoll Brennnesseln (im eigenen Garten oder am Wegesrand) und gib sie in einen Eimer.

2 Dann gießt du die Pflanzen mit Wasser auf. Damit das Ganze eine Jauche wird, musst du es ein paar Tage oder vielleicht sogar eine Woche stehen lassen. Dass die Jauche einsatzbereit ist, erkennst du daran, dass sie anfängt zu stinken.

ANWENDUNG: Gib etwas Jauche durch ein Sieb in deine Gießkanne und fülle frisches Wasser dazu (Verhältnis etwa 1:10). Dann gieße mit dem fertigen Gemisch deine Pflanzen – besonders solche, die viele Nährstoffe brauchen, wie z. B. Zucchini, Tomate, Paprika oder Gurke.

KAFFEESATZ AUFS BEET

LIFE HACK

Kaffeesatz ist ein super Dünger, wenn du keinen Kompost hast. Gib den Kaffeesatz einfach direkt aufs Beet oder mische ihn etwas mit der Erde. Falls du selbst keinen Kaffee trinkst oder Bedarf für mehr Kaffeesatz im Garten hast, frag bei deinem nächsten Cafébesuch mal nach, ob welcher übrig ist, und lass ihn dir am besten in ein mitgebrachtes Glas oder eine Dose füllen. Die meisten Cafés freuen sich, wenn mit dem Kaffeesatz, der sonst im Müll landet, noch etwas Sinnvolles passiert.

LIFE HACK

DÜNGER AUS BANANENSCHALEN

Wenn du gerne Bananen isst, wirf die Schalen nicht weg, sondern mach daraus ganz einfach deinen eigenen Dünger: Pack die Bananenschale in ein großes Glas und fülle es mit Wasser auf. Bereits nach ein bis zwei Nächten kannst du die Schale herausnehmen und mit dem Wasser als Flüssigdünger deine Pflanzen gießen.

KOMPOST

Einen eigenen Kompost zu haben, bedeutet, aus „Abfällen“ wertvolle und äußerst nährstoffreiche Erde herzustellen. Für einen Kompost im Garten brauchst du erst mal gar nichts – du kannst einfach deine Gartenabfälle und bestimmte Bio-Abfälle auf einen Haufen werfen. Langfristig ist es noch besser, wenn du den Kompost an den Seiten etwas begrenzt, zum Beispiel durch Holzbretter. Er sollte aber nach unten offen sein. Am besten ist es außerdem, mindestens zwei

Komposthaufen zu haben, dann füllst du erst den einen und dann den anderen. Während der zweite Haufen reift, werden Würmer und Mikroorganismen aus dem Abfall auf dem ersten Haufen bereits wertvolle Komposterde produzieren.

DAS DARF AUF DEN KOMPOST	DAS DARF NICHT AUF DEN KOMPOST
Gartenabfälle, z. B. welke Blätter	gesalzenes oder gekochtes Essen
Gemüsereste	tierische Produkte (wie Fleisch, Eier, Milchprodukte, Fisch)
Obstreste	exotische Früchte (Zitrusschalen, Ananas, Bananenschalen)
Kaffee- und Teesatz	Brot und Backwaren
Papier und Pappe (kleinere Mengen)	gekaufte Schnittblumen (außer bio)
zerkleinerte Eierschalen	bedrucktes Papier/ Hochglanzpapier
Sägespäne	Katzenstreu

WURMKISTE

Eine Wurmkiste ist im Grunde ein kleiner Kompost, der auch drinnen funktioniert. Den wichtigsten Gegenstand, die Wurmkiste selbst, gibt es inzwischen fertig zu kaufen. Du kannst aber auch selbst eine bauen, dafür ist nur etwas handwerkliches Geschick nötig. Im Grunde handelt es sich um eine Kiste, die durch ein Gitter geteilt und mit einem Klappdeckel versehen ist. Außerdem benötigt man unbedingt eine Möglichkeit, um am Boden Flüssigkeit aufzufangen.

MATERIAL

- eine Wurmkiste
- einige Handvoll Pappe
- eine Startpopulation von ca. 500 Kompostwürmern
- optional: Hanfmatte oder Zeitung/Packpapier
- optional: Kokosfasern
- optional: Mineralienmischung

1 Reiße die Pappe in kleinere, etwa 3–4 cm lange Stücke und weiche sie für min. 15 Minuten in Wasser ein.

2 Lege den Boden in einer Hälfte der Wurmkiste mit der nassen Pappe aus, sodass keine Lücken bleiben und der ganze Boden von mindestens einer Schicht Pappe bedeckt ist.

3 Gib die Startpopulation von Kompostwürmern vorsichtig (es sind schließlich lebendige Tiere!) in diese Hälfte der Wurmkiste.

4 Lege die Hanfmatte oder einige Schichten alte Zeitung auf die Würmer. Nach 2–3 Tagen Eingewöhnungszeit kannst du anfangen, sie zu füttern.

5 Füttere die Würmer regelmäßig mit deinen Gartenabfällen und Biomüll. Du solltest mindestens einmal pro Woche einen großen Schwung Futter hineingeben oder täglich kleinere Mengen. Dafür hebst du die Hanfmatte bzw. das Zeitungspapier an und legst das „Wurmfutter" in die Kiste.

6 Wenn die erste Kistenhälfte voll ist, füllst du den Boden der anderen Hälfte mit nasser Pappe (wie in Schritt 1 und 2 beschrieben) und gibst das „Wurmfutter" nun nur noch in dieses Fach – die Würmer wandern von selbst rüber.

7 Nach einigen Wochen befindet sich in der ersten Hälfte nur noch fertig zersetzte Komposterde, die du dann „ernten" kannst.

TIPPS FÜR DEN BETRIEB DER WURMKISTE

- Wenn die Wurmkiste zu trocken wird, kannst du sie mit einer Sprühflasche mit Wasser besprühen.
- Wenn sie zu nass wird, lass den Deckel offen stehen, um etwas zu „lüften“, und mische Papier oder Kokosfasern unter.
- Schaue außerdem ab und zu mal in den Auffangbehälter für Flüssigkeit. Der dort aufgefangene „Wurmtee“ ist ein super Dünger, den du verdünnt zum Gießen nutzen kannst.
- Alle paar Monate solltest du zum „Wurmfutter“ etwas Mineralienmischung oder gemörserte Eierschalen hinzugeben, das brauchen die Würmer für ein gutes Mikroklima.

Wenn in der Wurmkiste alles richtig läuft, riecht diese bei geschlossenem Deckel gar nicht. Wenn du direkt daran schnupperst, wirst du allenfalls einen erdigen Geruch in der Nase haben. Der Geruch ist ein guter Indikator, um herauszufinden, ob alles stimmt – nicht zu nass, nicht zu trocken und die richtige Menge an Futter. Dank dem neutralen Geruch kann die Wurmkiste auch wunderbar drinnen untergebracht werden.

KOMPOST MIT SCHRÄGEN BRETTERN

Wenn du deinen Kompost mit Brettern säumst, ergibt es Sinn, die letzten 2-3 Bretter leicht schräg anzubringen (ca. im 45°-Winkel). Dadurch wird die Entnahme der Komposterde deutlich einfacher: Du musst den Kompost nie ganz ruhen lassen, da du die Erde einfach von unten entnehmen kannst. Je nachdem, wie viel Abfall anfällt, kann es sogar sein, dass dir so ein einziger Kompost ausreicht.

INDOOR-KOMPOSTIEREN MIT DEM BOKASHI-EIMER

Bokashi kommt aus Japan und steht lose übersetzt für „fermentiertes Allerlei". In einen Bokashi-Eimer kannst du deine Bio- und Pflanzenabfälle zusammen mit sogenannten effektiven Mikroorganismen geben - einer Mischung aus Hefen, Milchsäure- und Photosynthesebakterien. In dem luftdicht verschließbaren Eimer entsteht dann innerhalb von 2 Wochen nachhaltiger Flüssigdünger für Pflanzen. Dabei werden keine unangenehmen Gerüche freigesetzt und du hast immer fertigen Dünger, der einfach „abgezapft" werden kann. Der einzige Nachteil: Es müssen immer wieder neue effektive Mikroorganismen gekauft und hinzugegeben werden. Für einen optimalen Ablauf brauchst du außerdem zwei Eimer, damit einer ruhen kann, während der andere aktiv befüllt wird.

FRUCHTFOLGEN BEACHTEN

Es ist schon lange bekannt, dass Monokulturen und der sich wiederholende Anbau der gleichen Pflanze am gleichen Standort die Erde auslaugen und somit immer schlechter machen. Das kann auch zu vermehrtem Schädlingsbefall und Krankheiten bei den Pflanzen führen. Um dem vorzubeugen und den Boden sowie die Pflanzen zu schützen, solltest du die sogenannte Fruchtfolge beachten.

Pflanzen haben verschiedene Anforderungen an den Boden, insbesondere an die Menge an darin enthaltenen Nährstoffen. Die Begriffe Starkzehrer, Mittelzehrer und Schwachzehrer beziehen sich auf diese Nährstoffansprüche. Manche Pflanzen brauchen sehr fruchtbare Böden mit vielen Nährstoffen (Starkzehrer), andere mögen es lieber nährstoffärmer (Schwachzehrer).

Fruchtfolge bedeutet nun, dass Pflanzen mit verschiedenem Nährstoffbedarf abgewechselt werden: Wo im ersten Jahr Starkzehrer angebaut wurden, folgen im nächsten Jahr Mittelzehrer, dann Schwachzehrer. Danach kann die Fläche durch Gründünger oder andere nachhaltige Dünger wieder aufgefrischt werden, um erneut einen Starkzehrer zu beherbergen. Durch dieses Vorgehen wird das Nährstoffangebot des Beetes optimal ausgenutzt, was zu höheren Erträgen führen und Schädlingen und Krankheiten vorbeugen kann.

Im eigenen Garten mag das nicht immer so einfach funktionieren wie in der Landwirtschaft. Es macht aber trotzdem Sinn, die Fruchtfolge ein wenig zu beachten und nach einem Starkzehrer zumindest keinen weiteren Starkzehrer an die gleiche Stelle zu setzen.

STARKZEHRER	MITTEL-ZEHRER	SCHWACH-ZEHRER
Aubergine	Basilikum	Bohne
Blumenkohl	Erdbeere	Dill
Borretsch	Fenchel	Erbse
Brokkoli	Frühlingszwiebel	Feldsalat
Chili	Karotte	Kapuzinerkresse
Gurke	Knoblauch	Kichererbse
Himbeere	Kohlrabi	Lavendel
Kartoffel	Kopfsalat	Majoran
Kürbis	Liebstöckel	Oregano
Lauch	Mais	Radieschen
Minze	Mangold	Rosmarin
Paprika	Pastinake	Rucola
Rhabarber	Petersilie	Salbei
Rotkohl	Pflücksalat	Thymian
Sellerie	Rettich	Zitronenmelisse
Tomaten	Rote Beete	
Weißkohl	Schnittlauch	
Zucchini	Spinat	
	Zwiebel	

GRÜNDÜNGER

Gründünger sind ein Teil der Fruchtfolge, wobei vor, nach oder zwischen dem Anbau der eigentlichen Nutzpflanze eine andere Pflanze zur Bodenverbesserung angebaut wird. Dabei handelt es sich um Pflanzen, die natürlicherweise Nährstoffe in den Boden bringen.

MÖGLICHE GRÜNDÜNGER

HÜLSENFRÜCHTE

Lupine, Wicke und Klee reichern den Boden mit Stickstoff an. Diese sollten nicht direkt vor oder nach anderen Nutzpflanzen aus der Familie der Hülsenfrüchte gepflanzt werden – beispielsweise Erbsen oder Bohnen.

KREUZBLÜTLER

Senf und Ölrettich haben Pfahlwurzeln, die Nährstoffe aus den tieferen Bodenschichten weiter an die Oberfläche befördern. Sie sind daher besonders beliebte Gründünger.

BIENENFREUND (PHACELIA)

Die Pflanze ist, neben der Eignung als Gründünger, durch die schönen violetten Blüten auch besonders bienenfreundlich. Außerdem ist Phacelia mit keiner anderen Kulturpflanze näher verwandt und passt daher in jede Fruchtfolge.

GRÜNDÜNGER SÄEN IM FRÜHJAHR ODER HERBST

1 Entferne Unkraut aus dem Beet und lockere es etwas auf.

2 Säe den Gründünger aus (gemäß den Angaben auf der Samenverpackung).

3 Lass die Pflanzen wachsen und blühen (je nach Pflanzenart 5–10 Wochen).

4 Bevor die Pflanze reife Samen entwickelt, schneide oder mähe sie ab. Falls du den Gründünger im Herbst ausgesät hast, erfrieren die Pflanzen vermutlich vor der Samenreife, dann kannst du sie bis ins Frühjahr stehen lassen, um das Beet zu schützen, und dann mit dem nächsten Schritt weitermachen.

5 Lass die abgeschnittenen Pflanzenteile auf dem Beet liegen oder hebe sie leicht unter, damit sie verrotten können.

Gründünger dienen NICHT nur als Dünger für den Boden, der auch NÄHRSTOFFE aus tieferen Bodenschichten an die Oberfläche befördert, sondern haben auch noch zahlreiche weitere VORTEILE, wie ein leerstehendes Beet vor Regen, Wind und Sonne zu SCHÜTZEN und LEBENSRAUM für Nützlinge zu bieten.

DÜNGER IST NICHT GLEICH DÜNGER

Dünger dienen dazu, Nährstoffe in den Boden einzubringen. Wer richtig tief in die Sphären des Gärtnerns eintauchen möchte, kann sich zusätzlich noch damit auseinandersetzen, welche verschiedenen Arten von Nährstoffen es gibt. Denn Dünger ist nicht gleich Dünger und verschiedene Pflanzen haben verschiedene **Ansprüche** an den Boden und die darin enthaltenen Nährstoffe.

Die wichtigsten Nährstoffe im Boden sind Stickstoff, Phosphor und Kalium. **Stickstoff** (N) ist essenziell für das Wachstum der Pflanzen, da er für die Bildung von Chlorophyll (der grüne Farbstoff in Pflanzen) und Proteinen notwendig ist. **Phosphor** (P) unterstützt die Wurzelentwicklung, die Blütenbildung und die Fruchtbildung.

Kalium (K) wird benötigt, um den Wasserhaushalt der Pflanze zu regulieren, es stärkt die Pflanze gegen Trockenheit und Frost. Außerdem ist Kalium hilfreich für den Zellwandaufbau der Pflanze. Diese drei Nährstoffe sind besonders wichtig für Pflanzen und werden in größeren Mengen benötigt. Daneben gibt es sogenannte **sekundäre Nährstoffe** wie Magnesium, Schwefel und Kalzium, und Spurenelemente wie Eisen, Zink und Kupfer. Diese werden aber nur in kleineren Mengen benötigt.

Nicht jeder Dünger enthält alle diese Nährstoffe in der gleichen Menge. Von den im Buch bereits vorgestellten nachhaltigen Düngern ist **Kompost** der ausgewogenste – egal, ob er aus einem Komposthaufen (Seite 30) oder der Wurmkiste (Seite 32) kommt. Er enthält eine breite Palette von Nährstoffen, darunter Stickstoff, Phosphor, Kalium, Kalzium und Magnesium.

Brennnesseljauche (Seite 28) hingegen ist besonders reich an Stickstoff und kann daher das Wachstum von grünen Pflanzenteilen stärken. Du kannst sie also zum Beispiel im Frühjahr einsetzen, damit die Pflanzen schneller wachsen. Die Jauche enthält mitunter außerdem geringe Mengen an Eisen, Kalium, Phosphor und Magnesium.

Der **DIY-Dünger** aus Bananenschalen (Seite 29) ist besonders reich an Kalium und hilft bei der Regulierung des Wasserhaushalts und der Zellbildung. Außerdem enthält er kleine Mengen an Kalzium und Magnesium. Dafür aber liefert dieser Dünger nur geringe Mengen an Phosphor.

Kaffeesatz (Seite 29) ist vor allem reich an Stickstoff und Kalium, und er enthält kleine Mengen an Phosphor. Er ist außerdem reich an organischen Materialien, die zur Verbesserung der Bodenstruktur beitragen und das Bodenleben fördern. Es ist allerdings zu beachten, dass Kaffeesatz sauer ist, was bedeutet, dass er den pH-Wert des Bodens senken kann. Das ist erst mal weder gut noch schlecht, aber man sollte diesen Dünger nur in Maßen verwenden, um den Boden nicht zu stark zu versauern.

Dünger aus dem eigenen **Bokashi-Eimer** (Seite 35) ist vor allem als Stickstofflieferant geeignet. Er enthält auch kleinere Mengen an Phosphor und Kalium sowie geringe Mengen an Spurenelementen. Die genaue Nährstoffzusammensetzung von Bokashi-Düngern ist von verschiedenen Faktoren abhängig. Beim Hersteller deines Bokashi-Eimers oder der Mikronährstoffe, die du in deinem Bokashi verwendest, findest du womöglich mehr Informationen dazu.

> Durch das Wissen, welcher Dünger welche Nährstoffe enthält, kannst du Dünger **GEZIELTER** in deinem nachhaltigen Garten einsetzen.

Insbesondere ist es wichtig, dass du versuchst, die jeweilige Phase der Pflanze abzupassen: Wann ist Wachstum am wichtigsten, wann eher die Blüten- oder Fruchtbildung? In der **Wachstumsphase** benötigen Pflanzen in der Regel mehr Stickstoff, während der **Blüte- und Fruchtbildungsphase** hingegen vermehrt Phosphor. Das gezielte Düngen in Abstimmung an diese Phasen kann das Pflanzenwachstum und den Ertrag in deinem Garten optimieren. Insgesamt solltest du möglichst ausgewogen düngen, damit die Pflanze alle nötigen Nährstoffe bekommt. Wenn du zum Beispiel immer nur Brennnesseljauche einsetzt und keine anderen Dünger, könnte das dazu führen, dass deine Pflanzen zwar stark wachsen, aber keine oder nur kleine Früchte bilden. **Ausgewogene** Dünger wie Kompost sind hingegen Allrounder und können in jeder Phase eingesetzt werden und so dazu beitragen, dass der Pflanze jederzeit alle wichtigen Nährstoffe zur Verfügung stehen.

WENIGER UMGRABEN IST MEHR

Um den Boden und die darin lebenden Mikroorganismen und Würmer so wenig wie möglich zu stören, sollten Böden so wenig wie möglich umgegraben werden. Das bedeutet nicht nur weniger Arbeit für dich, sondern verbessert auch die Bodengesundheit und reduziert Unkrautwachstum.

WANN SOLLTE UMGEGRABEN WERDEN?

NEUANLAGE DES GARTENS

Wenn ein Garten von Grund auf neu angelegt wird, kann es sinnvoll sein, die vorgesehenen Beete einmal umzugraben, um Pflanzen zu setzen und den Boden vorzubereiten.

SCHWER VERDICHTETER BODEN

Wenn der Boden extrem dicht ist, zum Beispiel weil er als Weg gedient hat, zuvor nicht gepflegt wurde oder schlecht entwässert.

ENTFERNEN VON UNKRAUT

In manchen Fällen muss der Boden zur Unkrautentfernung umgegraben werden, um auch die Wurzeln des Unkrauts zu entfernen. In diesem Fall sollte allerdings vorsichtig vorgegangen und am besten so weit wie möglich an der Oberfläche gearbeitet werden.

WIE WIRD RICHTIG UMGEGRABEN?

MINIMALER EINGRIFF

Versuche den Boden so schonend wie möglich umzugraben. Vermeide es, tief zu graben, um Mikroorganismen und Bodenlebewesen nicht zu stören.

KOMPOST HINZUFÜGEN

Beim Umgraben kannst du Komposterde in den Boden einarbeiten, um die Bodengesundheit zu verbessern.

WAS TUN STATT UMGRABEN?

NO-DIG GARDENING

Bei dieser Methode wird der Boden nicht mehr umgegraben, sondern man trägt Schichten aus organischen Materialien wie Kompost, Stroh und Laub auf. Die Pflanzen werden dann in diese Schichten eingebettet.

MULCHEN

Statt den Boden umzugraben, kann dieser mit einer Schicht Mulch bedeckt werden. Mehr dazu erfährst du ab Seite 86.

FRUCHTFOLGEN BEACHTEN

Durch eine richtige Umsetzung von Fruchtfolgen wird die Bodengesundheit erhalten, statt dem Boden durch Umgraben zu schaden.

44 CHEMIEFREI PFLEGEN & ZÜCHTEN

CHEMIEFREI PFLEGEN & ZÜCHTEN

Vergiss Chemie im Garten! Es gibt viele Strategien und Hausmittel, um Schädlinge und Pflanzenkrankheiten loszuwerden oder gar nicht erst im eigenen Garten zu haben. Du kannst dir sogar kleine Helfer, also Nützlinge, in den Garten einladen, die das Problem für dich lösen. Das Beste daran: Das alles funktioniert ganz einfach, ohne der Natur und dir selbst zu schaden.

PFLANZENSCHUTZ OHNE CHEMIE

Pestizide und andere Chemikalien werden im Garten häufig eingesetzt, um Schädlinge und Krankheiten zu bekämpfen. Bekannte Beispiele sind Schneckenkorn und Spritzmittel. Was dabei aber gerne vergessen wird: Der Einsatz dieser Chemikalien hat deutlich WEITREICHENDERE FOLGEN als nur die Schädlingsbekämpfung.

DIE AUSWIRKUNGEN VON PESTIZIDEN

Neben den Schädlingen werden durch die Pestizide auch Mikroorganismen und nützliche Insekten beeinträchtigt oder bekämpft, die für ein funktionierendes Ökosystem und einen intakten Garten wichtig sind. So schaden Pestizide zum Beispiel den Bienen, die wir dringend für das Bestäuben von Pflanzen benötigen. Darüber hinaus sind Pestizide schlecht für den Boden und können die Bodenqualität deines Gartens beeinträchtigen. Mikroorganismen im Boden zersetzen organische Materialien und tragen zur Nährstoffverfügbarkeit bei, der Einsatz von Pestiziden stört dieses empfindliche Gleichgewicht, was langfristig zu weniger fruchtbaren Böden führen kann.

GESUNDHEITLICHE RISIKEN FÜR DEN MENSCHEN

Pestizide bergen auch Risiken für die menschliche Gesundheit. Wer Pestizide verwendet, egal ob im eigenen Garten oder in der Landwirtschaft, nimmt mögliche Folgen wie Hautreizungen, Atemwegsbeschwerden und Allergien in Kauf. Außerdem können die chemischen Rückstände auf behandelten Pflanzen und im Boden in unsere Nahrungskette gelangen.

DIE ENTSTEHUNG VON RESISTENZEN

Eine weitere Konsequenz der Verwendung von Pestiziden ist, dass Schädlinge nach und nach Resistenzen entwickeln. Schädlinge sind erstaunlich anpassungsfähig und können im Laufe der Zeit gegen Pestizide immun werden. Das bedeutet, dass immer stärkere und aggressivere Chemikalien benötigt werden, um sie zu bekämpfen. Dieser Teufelskreis führt zu einer steigenden chemischen Belastung in unseren Gärten und in der Umwelt. Angesichts all dieser negativen Auswirkungen ist es entscheidend, nachhaltige und chemiefreie Methoden zur Schädlingsbekämpfung einzusetzen. Glücklicherweise gibt es aber viele andere, natürliche Wege, um Schädlingen und Krankheiten vorzubeugen und diese, wenn nötig, zu bekämpfen.

PFLANZENKRANKHEITEN VORBEUGEN

Wie alle Lebewesen können auch Pflanzen in unserem Garten von Krankheiten befallen werden. Wenn du die Pflanzenkrankheiten nicht rechtzeitig erkennst und etwas dagegen unternimmst, können diese großen Schaden in deinem Garten anrichten. Sie können sich zum Beispiel von Pflanze zu Pflanze übertragen und dazu führen, dass deine Pflanzen frühzeitig absterben oder deren Früchte ungenießbar werden.

In der Pflanzenwelt gibt es drei Hauptarten von Krankheiten: Pilzkrankheiten, bakterielle Krankheiten und Viruskrankheiten. Pilze sind die häufigste Ursache für Pflanzenkrankheiten. Sie mögen es gerne feucht und können eine große Zahl an Pflanzen befallen. Bekannte Pilzkrankheiten, die oft im Garten vorkommen, sind zum Beispiel Mehltau und Braunfäule. Manche Pilzkrankheiten sind bei bestimmten Pflanzenarten besonders häufig, zum Beispiel werden Tomaten und Kartoffeln besonders oft von Braunfäule heimgesucht. Die großen Blätter von Zucchinis und Kürbispflanzen sind wiederum sehr anfällig für Mehltau.

Bakterielle Pflanzenkrankheiten werden durch verschiedene Bakterienarten verursacht, die sich in den Pflanzenzellen vermehren. Ein Beispiel dafür sind bakterielle Blattflecken, die als gelbe oder braune Flecken auf den Blättern sichtbar werden und dazu führen, dass diese nach und nach absterben. Besonders anfällig dafür sind Tomaten, Paprika und Gurken. Obstbäume werden dagegen häufig von Feuerbrand befallen, der sich durch welkende, schwarze Blätter äußert, die den Eindruck erwecken, als wären sie verbrannt.

Eine weitere Art von Pflanzenkrankheiten sind **Viruskrankheiten**. Viren sind winzige Organismen, die sich in den Zellen von Pflanzen vermehren und deren normale Funktion stören. Viele dieser Viren sind auf eine bestimmte Pflanze spezialisiert, können sich aber auch auf andere Pflanzen ausbreiten. Ein Beispiel für Viruserkrankungen bei Pflanzen ist der Tomatenmosaikvirus, der neben Tomaten aber auch Pflanzen wie Paprika und Kartoffeln befällt. Daneben gibt es noch viele weitere Mosaikviren, wie das Zwiebelmosaikvirus oder das Paprikamosaikvirus. Diese äußern sich alle durch Mosaikmuster an der Pflanze, eine Verkrüppelung der Blätter und einen reduzierten Fruchtansatz.

Die Menge an Pflanzenkrankheiten kann erdrückend wirken. Wenn du aber die Ursachen für Krankheiten kennst und ihnen **gezielt vorbeugst**, ist es weniger wahrscheinlich, dass deine Pflanzen von ihnen heimgesucht werden. Neben dem Vorbeugen ist es auch wichtig, dass du in der Lage bist, zu erkennen, wenn eine deiner Pflanzen krank wird, und dann schnell handelst, damit sich der Befall nicht in deinem Garten ausbreitet.

Die Ursachen für Pflanzenkrankheiten sind vielseitig, manche davon hast du selbst in der Hand, andere haben mehr mit Glück oder Pech zu tun.

Ursachen können neben dem Wetter eine **schlechte Bodenqualität** und **fehlende Pflanzenvielfalt** sein. Hier hilft dir das nachhaltige Gärtnern, denn in einem nachhaltigen Garten wird der Boden ge-

Eine der wichtigsten Ursachen von Pflanzenkrankheiten sind ungünstige **WETTERBEDINGUNGEN**. Durch Regen, Feuchtigkeit oder Dürre kann das Auftreten von Pflanzenkrankheiten stark begünstigt werden. Über diese Ursachen hast du kaum Kontrolle. Du kannst aber beispielsweise versuchen, Pflanzen, die besonders anfällig für Pilzerkrankungen sind, wie Tomaten, unter einem Dach anzupflanzen. Dann hast du die Bewässerung selbst in der Hand und es wird nicht zu feucht.

schützt, erhalten und verbessert und auch Artenreichtum ist einer der Stützpfeiler des nachhaltigen Gartens.

HÄUFIGE ANZEICHEN FÜR EINEN KRANKHEITSBEFALL

- verfärbte Blätter
- welke oder schlaffe Pflanzen
- verformte Blätter und Früchte
- Flecken oder Sporen auf den Blättern
- Fäulnis

Nicht bei jedem kleinen Symptom musst du sofort **handeln**, es ist aber wichtig, die Anzeichen im Auge zu behalten. Es ist zum Beispiel ganz natürlich, dass eine Pflanze nach einem heißen Tag ein bisschen ihre Blätter hängen lässt, weil sie viel Sonne und vielleicht etwas zu wenig Wasser hatte. Wenn sie aber nach einem guten Schub Wasser und einer gewissen Zeit nicht wieder normal aussieht, solltest du darüber nachdenken, ob eine Krankheit am Werk sein könnte.

Ab einer bestimmten Schwere des Schädlingsbefalls kann es auch ratsam sein, eine Pflanze zu „opfern", um die **GESUNDHEIT** deines restlichen Bestands nicht weiter zu gefährden.

Du kannst die Ausbreitung von Pflanzenkrankheiten durch eine gute **„Gartenhygiene"** kontrollieren und eindämmen. Pflege und säubere deine Gartengeräte, entferne abgestorbenes Pflanzenmaterial und wirf von Krankheiten befallene Pflanzenteile nicht auf den Kompost. Außerdem ist es wichtig, dass du Krankheiten früh erkennst und schnell handelst. Was genau du tun musst, kommt dabei auf die Krankheit an. Oft gibt es **Hausmittel**, die gegen Krankheitsbefall helfen. Die rechtzeitige **Erkennung** von Pflanzenkrankheiten ist entscheidend, um eine Ausbreitung zu verhindern und angemessene Maßnahmen zur Heilung oder Prävention zu ergreifen.

SCHÄDLINGSBEFALL VERHINDERN

Ein weiteres Ärgernis im Garten sind Schädlinge. Wie Pflanzenkrankheiten stellen auch Schädlinge eine **Herausforderung** für deinen Garten dar und können große Schäden an Pflanzen anrichten, wodurch all die liebevolle Arbeit und Hingabe, die in die Pflege eines Gartens gesteckt wird, zunichtegemacht wird. Bevor wir aber tiefer in die Welt der Schädlinge eintauchen, ist es wichtig zu betonen, dass nicht jedes Tier, das als „Schädling" bezeichnet wird, zwangsläufig **„böse"** ist. Dieser Begriff vermittelt oft den Eindruck, dass wir mit allen zur Verfügung stehenden Mitteln gegen Schädlinge vorgehen sollten, aber auch Schädlinge sind ein wichtiger Bestandteil des Ökosystems und wir müssen sorgfältig abwägen, wie wir mit ihnen umgehen möchten. Schädlinge sind vielfältig und tragen zur **Biodiversität** bei. Ihr Vorhandensein kann sogar ökologische Netzwerke aufrechterhalten. Daher ist es wichtig, bei der Schädlingsbekämpfung mit **Fingerspitzengefühl** vorzugehen und ökologische Maßnahmen zu bevorzugen.

ARTEN VON SCHÄDLINGEN

Häufige Arten von Pflanzenschädlingen sind Insekten, Schnecken, Nagetiere und Vögel.

Unter den **Insekten** lassen sich wohl die meisten Pflanzenschädlinge finden. Dazu gehören Blattläuse, Weiße Fliegen, Thripse, Käfer, Raupen, Spinnmilben und viele weitere. Diese Schädlinge können Blätter und Stängel angreifen, die Nährstoffe aus der Pflanze entziehen und Krankheiten übertragen. Bei vielen dieser Schädlinge sind nicht nur die ausgewachsenen Insekten die Übeltäter, sondern auch ihre Larven.

Schnecken ernähren sich von Pflanzenteilen, insbesondere von kleinen Sämlingen und jungen Blättern. Es gibt viele verschiedene Arten von Schnecken, mein größter Feind im Garten ist bisher die Nacktschnecke. Schnecken können zum Beispiel Jungpflanzen so stark schädigen, dass diese nicht mehr weiterwachsen können. Sie fressen aber auch gerne mal die Ernte weg, wie die langersehnte erste Erdbeere. Schnecken mögen insbesondere feuchte Umgebungen und kommen gerne bei oder kurz nach dem Regen raus.

Nagetiere wie Mäuse, Ratten und Wühlmäuse können Wurzeln beschädigen. Sie ernähren sich von Pflanzenteilen und graben auch Gänge im Boden, was die Stabilität der Pflanzen gefährden kann.

Vögel fressen Früchte oder beschädigen Pflanzen, indem sie nach Insekten graben. Das kann insbesondere in Obstgärten zu Ernteausfällen führen.

Eine einzelne Thripse legt in ihrem Leben bis zu 70 Eier, aus denen dann LARVEN schlüpfen. Diese sitzen gerne auf der Blattunterseite und naschen Pflanzensäfte – was die Pflanze schädigt.

PRÄVENTION UND FRÜHERKENNUNG

Auch beim Thema Schädlinge ist die Prävention besonders wichtig, dicht gefolgt von der frühzeitigen Erkennung des Schädlingsbefalls. Wie auch bei Krankheiten gibt es für den Schädlingsbefall viele Ursachen, die teilweise in unserer Hand liegen und teilweise nicht. Eine der häufigsten Ursachen sind schlechte Wetterbedingungen, wie Trockenheit oder Starkregen. Diese Bedingungen können Pflanzen schwächen und anfälliger für Schädlinge machen. Weitere Ursachen sind fehlende Artenvielfalt, schlechte Bodenqualität und fehlende Fressfeinde. Hier hilft das nachhaltige Gärtnern dabei, dass sich diese Ursachen gar nicht erst im eigenen Garten einfinden, und beugt so Schädlingen vor.

Schädlinge kannst du vor allem an den Schäden erkennen, die sie hinterlassen. Es hilft aber auch, sich die Pflanzen regelmäßig anzuschauen. Manche Schädlinge sind so klein, dass man genauer hinsehen muss, andere sind auffälliger. Symptome, an denen du einen Schädlingsbefall erkennen kannst, sind Blattschäden wie Löcher oder vollständig abgefressene Blätter, angefressene Früchte und Wachstumsprobleme der Pflanze. Wachstumsprobleme können ebenso von Krankheiten kommen, es kann aber durchaus sein, dass Schädlingslarven sich an den Wurzeln verköstigen. In diesem Fall solltest du dir die Erde genau anschauen, ob du dort kleine Larven siehst.

Welchen Schädlingsbefall du bekämpfen möchtest und welchen du lieber in Ruhe lässt, kommt auf deine eigene **Einschätzung** an. In deinem nachhaltigen Garten solltest du aber immer auf nachhaltige Methoden setzen und versuchen, dem Schädlingsbefall auf natürliche Weise Herr zu werden. Wenn du insgesamt um einen nachhaltigen Garten bemüht bist, bedeutet das zum Glück aber auch, dass du dich mit dem Schädlingsthema weniger auseinandersetzen musst, als du vielleicht denkst. Ein **natürliches Gleichgewicht** im Garten führt nämlich dazu, dass die Natur kleinere Schädlingsbefälle oftmals einfach selbst regelt und du dich zurücklehnen kannst. Ich hatte zum Beispiel mal eine Kapuzinerkresse, die voller Blattläuse war. Die Pflanze wirkte nicht geschädigt, also habe ich erst mal nichts unternommen, außer die Blattläuse abzuwaschen, bevor ich ein Blatt oder eine Blüte der Pflanze gegessen habe. Von einem Tag auf den anderen waren die Blattläuse plötzlich weg, obwohl ich nichts gegen sie unternommen habe. Vielleicht kam damals nachts ein gefräßiger Marienkäfer vorbei oder es versteckten sich einige seiner Larven im Beet, die sich unbeobachtet über die Blattläuse hergemacht haben. Problem gelöst!

Nicht jeder Schädlingsbefall ist gleich schlimm. Meine persönliche Meinung zu angefressenen Früchten und Blättern ist, dass ich bereit bin, meinen Garten **MIT TIEREN ZU TEILEN**. Ich würde daher keine Plastiknetze über meine Beerensträucher spannen, um Vögel fernzuhalten. Ich versuche auch, mich nicht über jede von Schnecken angefressene Erdbeere oder Zucchini zu ärgern. Wichtig ist, dass es nicht überhandnimmt und ich auch noch etwas von meinem Garten habe. Aus ethischer Sicht finde ich es aber wichtig, diesen Raum mit Tieren zu teilen.

BRENNNESSELJAUCHE GEGEN BLATTLÄUSE UND SPINNMILBEN

Die auf Seite 28 beschriebene Brennnesseljauche hilft gegen Schädlinge wie Blattläuse und Spinnmilben. Gieße dazu etwas Jauche durch ein Sieb in eine Sprühflasche und fülle mit frischem Wasser auf (Verhältnis etwa 1:10). Dann besprühe die Blätter der betroffenen Pflanze mit dem Gemisch. Diese Prozedur muss mehrfach wiederholt werden, sodass auch frisch geschlüpfte Schädlinge absterben.

GIESSHILFEN FÜR TOMATEN, UM BRAUNFÄULE VORZUBEUGEN

Tomaten sind besonders anfällig für Braunfäule. Diese entsteht durch Wasser, das auf die Blätter spritzt. Um der Braunfäule beim Gießen vorzubeugen, kannst du in der Nähe der Wurzeln deiner Tomatenpflanzen kleine Tontöpfe eingraben. Zukünftig gießt du dann das Wasser für die Tomaten nur noch in die Tontöpfe, wodurch es direkt an den Wurzeln ankommt und nicht nach oben auf die Blätter und den Stamm spritzt.

KAFFEESATZ UND EIERSCHALEN GEGEN SCHNECKEN

Wenn du eine Pflanze hast, die immer wieder von Schnecken angefressen wird, kann es helfen, Kaffeesatz um die Pflanze herumzustreuen. Schnecken mögen weder die Textur noch den Geruch von Kaffeesatz. Eine weitere Taktik ist es, Eierschalen etwas zu zerkleinern und in einem Kreis um die Pflanze auszulegen. Das schreckt Schnecken durch die scharfen Kanten und den hohen Kalziumgehalt ab.

RHABARBER-SUD ZUR SCHÄDLINGS-BEKÄMPFUNG

Nach der Rhabarberernte bleiben immer die nicht essbaren Blätter übrig. Daraus lässt sich ein toller Sud zur Bekämpfung von Blattläusen oder gegen Kraut- und Braunfäule herstellen.

MATERIAL

- Rhabarberblätter
- Eimer/großer Topf
- leere Sprühflasche

1 Schneide die vom Stängel getrennten Rhabarberblätter klein und gib sie in einen großen Topf oder Eimer, bis dieser etwa halbvoll ist.

2 Dann schütte so viel kochendes Wasser darüber, bis der Topf voll ist. Anschließend lässt du den Sud etwa 24 Stunden ziehen.

ANWENDUNG: Gieße den Sud durch ein Sieb in eine Sprühflasche und sprühe die befallenen Blätter oder Pflanzenteile damit ein. Der Sud kann auch vorbeugend eingesetzt werden, dann solltest du ihn allerdings im Verhältnis 1:5 mit Wasser verdünnen.

BACKPULVER GEGEN MEHLTAU

ZUTATEN

- 1 Päckchen Backpulver
- 2 EL Rapsöl
- 2 l Wasser

1 Die drei Zutaten gut mischen.

2 In eine Sprühflasche füllen und auf den von Mehltau betroffenen Pflanzenteilen ausbringen. Die Behandlung sollte ca. alle 2 Wochen erfolgen, bis der Mehltau verschwindet.

SCHÄDLINGSBEKÄMPFUNG DURCH NÜTZLINGE

Nützlinge sind natürliche Gegenspieler von Schädlingen und damit eine gute und nachhaltige **Alternative** zu Pflanzenschutzmitteln und chemischer Schädlingsbekämpfung. Nützlinge sind unbedenklich für Menschen und Tiere, es gibt keine strengen Vorgaben zu deren Einsatz und sie bringen das biologische Gleichgewicht des Gartens nicht durcheinander.

Eine einzige Marienkäferlarve **FRISST** in drei Wochen etwa 800 Blattläuse.

In deinem Garten solltest du Nützlinge grundsätzlich fördern, damit weniger Schädlinge auftreten – wie, erfährst du ab Seite 98. Zusätzlich kannst du Nützlinge, insbesondere Eier von größeren Nützlingen oder Nematoden (mikroskopisch kleine Fadenwürmer), auch **im Handel** erwerben und so in deinen Garten einführen. Auch dann sollten aber die richtigen Lebensbedingungen gegeben sein, damit die Nützlinge nicht sofort wieder abwandern.

SCHÄDLINGE	NÜTZLINGE, DIE DIESE BEKÄMPFEN
Ameisen	SF-Nematoden
Apfelwickler	SF-Nematoden
Blattläuse	Marienkäfer und ihre Larven, Florfliegen, Ohrwurm
Dickmaulrüssler	HB-Nematoden
Engerlinge	HB-Nematoden
Erdraupen	SC-Nematoden
Kartoffelkäfer	Räuberische Wanzen, Laufkäfer
Lebensmittelmotten	Schlupfwespen
Maulwurfsgrillen	SC-Nematoden
Schnecken	Igel, Tigerschnegel
Spinnmilben	Florfliegen, Raubmilben
Thripse	Florfliegen
Trauermücken	SF-Nematoden
Weiße Fliegen	Schlupfwespen
Wiesenschnaken	SC-Nematoden

PRÄVENTION DURCH GUTE NACHBARSCHAFT

Um Krankheiten und Schädlingsbefall zu vermeiden, solltest du darauf achten, welche Pflanzen gut zusammen **harmonieren** und welche nicht. So kannst du entscheiden, wie du die Pflanzen im Beet oder in Töpfen anordnest, und von Wechselwirkungen profitieren. Pflanzen aus der gleichen Pflanzenfamilie, z. B. Kürbis und Zucchini, mögen es in der Regel nicht, nebeneinander im Beet zu sitzen. Das liegt daran, dass sie beide zu ähnliche **Anforderungen** haben, zum Beispiel an den Boden, wo sie sich gegenseitig die Nährstoffe wegnehmen.

Gleichzeitig gibt es Pflanzen, die von ihrer Nachbarschaft oder sogar von einer Mischkultur profitieren. Mischkultur bedeutet, mehrere verschiedene Pflanzen zusammen ins gleiche Beet zu setzen, sozusagen durchmischt. Ein Beispiel sind Tomaten und Basilikum: Sie halten gegenseitig Schädlinge voneinander fern. Zusätzlich lässt sich mit dieser Kombination Platz sparen, da die Tomaten in die Höhe wachsen und am Boden wenig Platz benötigen, während viele Basilikumsorten nah am Boden wachsen. Eine ausführliche Aufstellung von guten und schlechten Nachbarn findest du ab Seite 144.

BESONDERS BELIEBTE MISCHKULTUREN SIND:

- Tomaten + Basilikum
- Erdbeeren + Zwiebeln
- Kohlrabi + Sellerie
- Salat + Zuckererbsen
- Zucchini + Kapuzinerkresse
- Gurken + Borretsch
- Mangold + Ringelblumen

MISCHKULTUR UND FRUCHTFOLGE KOMBINIEREN

Fruchtfolge (Seite 36) und Mischkultur sind zwei wichtige Konzepte in der Landwirtschaft und im Gartenbau, die dazu beitragen, gesunde Pflanzen zu fördern, den Boden zu schützen und die Ernteerträge zu steigern. Beide Praktiken sind sehr eng miteinander verbunden und können in **Kombination** eine noch effektivere Methode zum nachhaltigen Gärtnern bieten.

Bei der Fruchtfolge geht es um die zeitliche Abfolge verschiedener Pflanzen. Die Mischkultur ist eng damit verwandt, denn hier werden verschiedene Pflanzenarten gleichzeitig auf demselben Feld oder Beet angepflanzt. Während die Fruchtfolge besonders wichtig für die Erhaltung und Verbesserung der **Bodenqualität** ist, hilft sie auch bei der **Schädlings- und Krankheitsbekämpfung**. Das liegt daran, dass Schädlinge und Krankheitserreger oft spezifische Pflanzenwirte haben oder manche Pflanzen besonders anfällig dafür sind. Das spiegelt sich oft sogar im Namen wider, wie zum Beispiel beim Kartoffelkäfer. Durch die Fruchtfolge haben Krankheiten und Schädlinge keine Chance, sich über mehrere Jahre im gleichen Beet oder an der gleichen Stelle anzusiedeln.

Bei der **Mischkultur** liegt das Hauptaugenmerk einerseits auf der optimalen Nutzung von Fläche, denn hier können mehrere Pflanzen platzsparend zusammen angebaut werden. Eine weitere Stärke der Mischkultur liegt ebenfalls in der Schädlings- und Krankheitsbekämpfung. Einige Pflanzen können zum Beispiel Insekten **abschrecken**, die für Nachbarpflanzen schädlich sind. So können Ringelblumen in der Nähe von Tomatenpflanzen das Auftreten von Blattläusen reduzieren.

Wie die Fruchtfolge trägt aber auch die Mischkultur zur Bodenverbesserung bei, denn Pflanzen haben unterschiedliche Wurzelsysteme, die den Boden jeweils auf ihre eigene Weise belüften sowie verschiedene Nährstoffe freisetzen und benötigen.

Um beide Konzepte einzeln oder miteinander umzusetzen, benötigt es etwas mehr Planung, als wenn einfach drauflosgegärtnert wird. Langfristig wird es sich aber definitiv auszahlen, etwas mehr Zeit in die **Planung** zu investieren, da du dadurch weniger Geld und Energie für Düngemittel ausgeben musst und dir später bei der Schädlings- und Krankheitsbekämpfung Nerven ersparst. Schließlich ist es besser, Schädlinge und Krankheiten gar nicht erst im Garten zu haben, als sie später mühsam zu bekämpfen. Um Fruchtfolge und Mischkultur zu meistern, empfehle ich, einen **Gartenplan** zu erstellen. Das Gute daran ist, dass du diese Planung im Winter oder Frühjahr machen kannst, wenn sonst wenig Arbeit im Garten anfällt.

Bei der Planung sollte mit der Fruchtfolge begonnen werden. Der Schlüssel ist dabei, eine Art **Rotationszyklus** zu erstellen, das heißt, festzulegen, welche Pflanzen in welcher Reihenfolge auf welchen Beeten angepflanzt werden. Idealerweise sollten sich diese Pflanzen durch ihre unterschiedlichen Anforderungen an Nährstoffe und Wasser abwechseln. Besonders wichtig ist es, dass nicht ein und dieselbe Pflanze in zwei aufeinanderfolgenden Jahren auf der gleichen Fläche geplant wird. Außerdem kannst du **Pausenzeiten** zur Gründüngung einplanen. Übrigens muss ein Rotationszyklus nicht unbedingt der Dauer von einem Jahr entsprechen. Du kannst zum Beispiel in einem Beet, das durch das Frühjahr und den Sommer hindurch mit einer Pflanze besetzt ist, für den Herbst und Winter eine Wintergemüse-Sorte, Salate oder Gründünger einplanen. Für die Planung einer Mischkultur wählst du dann Pflanzen, die sich gegenseitig **ergänzen** und von ihrer Nachbarschaft profitieren. Das kann zum Beispiel beinhalten, dass du Pflanzen mit unterschiedlichen Wurzelsystemen, Wuchshöhen oder Blütezeiten kombinierst. Wie bei der Fruchtfolge sind auch hier die unterschiedlichen **Nährstoffanforderungen** der Pflanzen an den Boden wichtig.

DIE RICHTIGEN PFLANZEN KAUFEN ODER SELBST ZIEHEN

In normalen Gärtnereien oder im Baumarkt angebotene Pflanzen wurden oft unter Einsatz von Pestiziden und umweltschädlichen Düngern gezüchtet. Fertige Pflanzen zu kaufen, bedeutet daher oft, sich unwissend Chemikalien direkt in den eigenen Garten zu holen. Das kann aber einfach umgangen werden, indem du die Pflanzen entweder **selbst züchtest** oder auf ökologisch produzierte Pflanzen setzt.

Überall in Deutschland gibt es kleine Bio-Gärtnereien, die im Frühjahr bis Frühsommer Pflanzenmärkte abhalten und dort ökologisch gezogene Pflanzen verkaufen. Die Pflanzen sind oft etwas **teurer** als im Baumarkt, zahlen sich aber langfristig durch die gute Qualität aus. Außerdem gibt es dort oft seltene Sorten, die nicht nur lecker schmecken, sondern auch zur Artenvielfalt beitragen.

Du kannst deine Pflanzen aber auch einfach selbst ziehen. Dazu brauchst du nichts außer Saatgut, Anzuchterde und kleine Gefäße. Die Samen werden im Frühjahr, zu verschiedenen Zeitpunkten je nach Sorte, in ihre Anzuchttöpfe gesät und auf die

Fensterbank oder in ein kleines Gewächshaus gestellt. Dann kannst du ihnen beim **Wachsen** zusehen und die Pflänzchen ab und zu gießen, bis sie schließlich nach draußen dürfen.

ANZUCHTTÖPFE AUS EIERKARTONS

Um keine Anzuchttöpfe kaufen zu müssen, gibt es einen nachhaltigen Upcycling-Trick: Entferne den Deckel eines Eierkartons und fülle die untere Hälfte mit Erde. Schon hast du Platz für sechs Samen (oder, wenn du einen großen Eierkarton hast, sogar mehr).

PFLANZENANZUCHT ZU HAUSE

Viele Pflanzen sind nur einjährig, wie zum Beispiel Tomaten, Zucchini oder Kürbisse. Das heißt, du musst dich jedes Jahr aufs Neue darum kümmern, dass sie wieder in deinem Garten wachsen. Bei manchen Pflanzen, wie Karotten oder Radieschen, ist das ganz einfach und du kannst sie direkt ins Beet säen. Andere Pflanzen, wie die bereits erwähnte Tomate oder Zucchini, erfordern eine etwas komplizierte Prozedur.

ANZUCHTERDE ist meistens feiner als normale Gartenerde, außerdem ist sie mit Nährstoffen angereichert, welche die Pflänzchen in ihrem frühen Wachstumsstadium benötigen. Bei der Herstellung wird auch mehr darauf geachtet, dass die Erde keine Schädlinge oder Krankheitserreger enthält.

Damit du sie nicht jedes Jahr aufs Neue kaufen musst, kannst du ganz einfach lernen, sie selbst anzuziehen. Das spart übrigens nicht nur Geld, sondern bedeutet auch, dass du ganz genau weißt, wo die Pflanze herkommt und dass sie nicht mit Pestiziden behandelt wurde.

Für die Pflanzenanzucht bei dir zu Hause brauchst du nur Erde, Pflanzgefäße und Samen. Als Gefäß eignet sich alles, was wasserdurchlässig ist, sodass keine Staunässe entsteht. Bei der Erde solltest du darauf achten, dass es Anzuchterde ist. Anzuchterde unterscheidet sich in ihrer Zusammensetzung von normaler Gartenerde und dieser Unterschied ist sehr wichtig, um den Pflänzchen einen erfolgreichen Start zu geben.

Die Samen kannst du entweder aus deinem eigenen Garten entnehmen und für das nächste Jahr trocknen und aufbewahren oder kaufen. Auf der Saatgutverpackung wird in der Regel genau spezifiziert, welche Anforderungen die jeweilige Pflanze und Sorte an die Pflanzenanzucht hat. Besonders wichtig ist dabei der **Zeitpunkt**, wann du die Anzucht beginnen solltest. Nach dem langen Winter, wenn ich wenig gärtnern kann, juckt es mich oft im Frühjahr besonders in den Fingern und ich kann es kaum erwarten, endlich loszulegen. Zu früh mit der Anzucht zu beginnen, kann aber genauso fatal sein, wie zu spät. Denn es ist sehr ungünstig, wenn die Pflanze schon drinnen zu groß wird und sie sich in ihrem Topf nicht mehr wohlfühlt.

Es lohnt sich immer, **ein paar Pflanzen** mehr zu säen, als du am Ende im Beet haben möchtest, da häufig nicht alle Pflanzen durchkommen. Ich würde empfehlen, etwa doppelt so viele Pflanzen zu säen, wie du am Ende haben möchtest. Für den Anfang kannst du kleinere Gefäße wählen, dann brauchst du nicht so viel Erde und kannst auf eine größere Menge setzen. Wenn die Pflanzen dann eine gewisse Größe erreicht haben, pflanzt du sie in größere Gefäße um. Beim Umpflanzen ist es bei vielen kleinen Pflanzen nötig, diese zu **pikieren**. Was erstmal kompliziert klingt, ist eigentlich ganz einfach: Pikieren bedeutet, dass du die Jungpflanze vorsichtig aus dem kleinen Gefäß holst und dann tiefer in das neue Gefäß einpflanzt. Dabei setzt du sie so tief, dass das erste Blattpaar, das die Pflanze gebildet hat, direkt oberhalb der Erde liegt.

Der optimale Standort für deine Pflanzenanzucht ist warm und hell: Die Jungpflanzen brauchen Licht und Wärme, um gut zu wachsen. Besonders geeignet ist zum Beispiel eine **Fensterbank**.

Wenn du besonders professionell sein möchtest, kannst du ein kleines Gewächshaus für deine Fensterbank kaufen und die Pflanzen darin anziehen, nötig ist das aber nicht unbedingt. Die Anzucht drinnen ist vor allem für Pflanzen gedacht, die es warm mögen. Du solltest sie daher nicht zu früh nach draußen ins Freie setzen. Eine alte Bauernregel besagt, die sogenannten Eisheiligen abzuwarten, die ungefähr auf Mitte Mai fallen. Du kannst die Pflanzen außerdem langsam an die Außenbedingungen gewöhnen, indem du sie in der Woche, bevor du sie nach draußen setzt, nur tagsüber rausstellst und für die Nacht reinholst.

ERSTELLE DEINEN GARTENPLAN STEP BY STEP

Wir haben bereits gelernt, dass Pflanzen bestimmte Ansprüche an Boden- und Lichtverhältnisse haben, außerdem gibt es bestimmte Zeiten, zu denen man sie säen oder vorziehen sollte, und auch beliebte und unbeliebte Beetnachbarn. Um das alles stressfrei managen zu können, bietet es sich an, einen Gartenplan zu erstellen. Dafür kannst du die kalte Jahreszeit nutzen, wenn im Garten nicht so viel los ist.

STEP 1: ZEICHNE EINEN GROBEN GRUNDRISS DEINES GARTENS

Bei diesem Grundriss kommt es nicht darauf an, dass er genau abgemessen oder maßstabsgetreu ist. Wichtig ist nur, dass die bepflanzbaren Flächen im Verhältnis zueinander ungefähr stimmen. Dabei kannst du selbst entscheiden, ob du den ganzen Garten, einen Teil davon (wie zum Beispiel den Gemüsegarten) oder nur einzelne Beete/Töpfe einzeichnest. Du solltest selbst aber wissen, welche Flächen bepflanzt werden können.

Damit du den gleichen GRUNDRISS immer wieder verwenden kannst, kannst du ihn kopieren oder, falls du ihn digital erstellst, einmal leer abspeichern.

STEP 2 (OPTIONAL): ZEICHNE DEN BEETPLAN DES LETZTEN JAHRES

Für die Fruchtfolge ist es wichtig, dass du weißt, wo in der letzten Saison welche Pflanze eingepflanzt war. Zeichne daher deinen Grundriss ein zweites Mal auf und zeichne dort die Pflanzen aus dem letzten Jahr ein. Diesen Schritt kannst du einfach überspringen, wenn du schon einen Beetplan aus dem letzten Jahr hast oder gerade erst mit dem Gärtnern beginnst.

STEP 3: ZEICHNE OPTIMALE BODEN-BEREICHE EIN

Anhand der Standorte der Pflanzen aus dem letzten Jahr kannst du ableiten, wie die Bodenbereiche dieses Jahr optimal genutzt werden können. Dafür musst du die Anforderungen der Pflanzen aus dem letzten Jahr „invertieren":

- Wo letztes Jahr Starkzehrer standen, können jetzt Mittelzehrer (oder Schwachzehrer) stehen.
- Wo letztes Jahr Mittelzehrer standen, können jetzt Schwachzehrer oder nach einer Düngung auch Starkzehrer stehen.
- Wo letztes Jahr Schwachzehrer standen, können jetzt nach einer Düngung Starkzehrer oder Mittelzehrer stehen.
- Wo zuletzt Gründünger stand, können jetzt Starkzehrer gepflanzt werden.

Diese Bereiche kannst du zum Beispiel durch verschiedene Farben kennzeichnen. Außerdem solltest du dir aufschreiben, welche Flächen gedüngt werden müssen.

STEP 4: ZEICHNE DIE LICHTVERHÄLTNISSE EIN

Schau dir den Grundriss an und überlege dir, wohin über den Tag am meisten Licht fällt. Zeichne dann besonders sonnige und schattige Bereiche ein. Das kannst du zum Beispiel mithilfe verschiedener Farben machen oder indem du schattige Bereiche schraffierst.

STEP 5: WÄHLE DIE PFLANZEN, DIE DU ANBAUEN MÖCHTEST

Wir alle haben Vorlieben für bestimmte Pflanzen und wollen außerdem nicht unbedingt jedes Jahr das Gleiche anpflanzen. Überlege dir also, was du dieses Jahr anpflanzen möchtest, und schreibe es auf einer gesonderten Seite auf.

STEP 6: NOTIERE DIE ANFORDERUNGEN DER PFLANZEN

Für jede Pflanze in deiner Liste schreibst du jetzt jeweils ihre individuellen Anforderungen auf. Folgende Fragen können dabei hilfreich sein:

- Muss die Pflanze vorgezogen werden? Wenn ja, wann?
- Falls die Pflanze direkt ins Freie ausgesät oder gesteckt werden kann, ab wann?
- Bis wann kann die Pflanze geerntet werden, wann wird also das Beet wieder frei?
- Welchen Anspruch an den Boden hat die Pflanze? Ist sie Starkzehrer, Mittelzehrer oder Schwachzehrer?
- Wie viel Licht benötigt die Pflanze? Braucht sie es eher sonnig, schattig oder halbschattig?

TOMATEN

– Anzucht: im März
– Ernte: bis September
– Starkzehrer
– halbschattig

STEP 7: RECHERCHIERE BELIEBTE MISCHKULTUREN UND BEETNACHBARN

Jetzt wird es Zeit, sich Gedanken über die Mischkulturen zu machen. Hilfreich ist dabei die Übersicht von guten und schlechten Beetnachbarn ab Seite 144.

Es kann sinnvoll sein, Pflanzen in deine Liste aufzunehmen, die du vorher noch nicht in Betracht gezogen hast. Falls du etwa Tomaten, aber keinen Basilikum anbauen wolltest, könntest du darüber noch mal nachdenken. Schreibe dir die Mischkulturen, die du umsetzen möchtest, auf einem weiteren Blatt auf oder markiere sie in deiner Pflanzenliste.

STEP 8: ZEICHNE DIE PFLANZEN EIN

Du kennst nun die verschiedenen Anforderungen der Pflanzen und weißt, welche du zusammen in ein Beet setzen möchtest und welche Bedingungen bezüglich der Nährstoffe und des Lichts dein Garten anzubieten hat. Jetzt wird es erst richtig kreativ: Mit deiner Pflanzenliste kannst du nach und nach die Beete im Grundriss füllen. Wie du die Pflanzen dabei darstellst, ist völlig dir überlassen. Achte aber darauf, dass du für jede Pflanze ausreichend Platz einplanst.

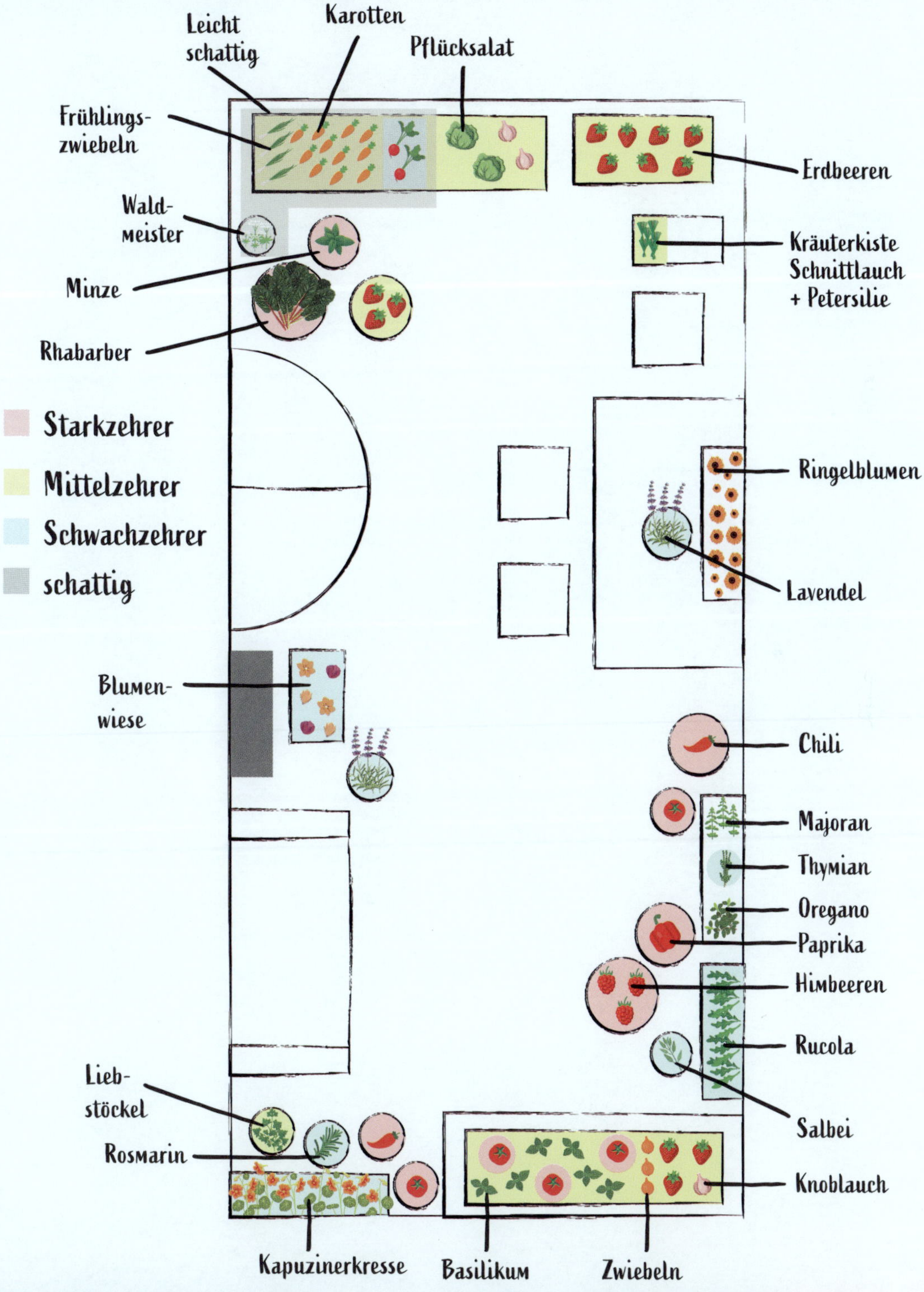

Leicht schattig
Karotten
Pflücksalat
Frühlings-zwiebeln
Erdbeeren
Wald-meister
Kräuterkiste Schnittlauch + Petersilie
Minze
Rhabarber
Starkzehrer
Mittelzehrer
Schwachzehrer
schattig
Ringelblumen
Lavendel
Blumen-wiese
Chili
Majoran
Thymian
Oregano
Paprika
Himbeeren
Rucola
Lieb-stöckel
Salbei
Rosmarin
Knoblauch
Kapuzinerkresse
Basilikum
Zwiebeln

GERÄTE & CO.

Wir haben für den Garten oft mehr Geräte und Werkzeuge, als wir jemals benutzen können. Aber weniger kann mehr sein und spart außerdem wertvolle Ressourcen! Entdecke Möglichkeiten, wie du Gartengeräte, Werkzeuge & Co. mit Bedacht wählst, Energie sparst und alten Gegenständen neues Leben einhauchst.

WELCHE GERÄTE BRAUCHST DU WIRKLICH?

Wer einen eigenen Garten hat, wird nicht darum herumkommen, sich irgendwann die Frage zu stellen: Welche Gartengeräte brauche ich eigentlich? Oder auch ab und zu im Baumarkt zu stehen und sich zu fragen: Wofür ist dieses Gerät und **brauche** ich das? Zu Beginn meiner eigenen Gärtner-Laufbahn habe ich im Gemeinschaftsgarten gegärtnert und wurde durch das Teilen der Gartengeräte optimal versorgt. Mir ist aber auch schnell aufgefallen, dass ich viele der vorhandenen Geräte gar nicht benutzt habe. Im Garten ist es offensichtlich wie in allen anderen Lebensbereichen: Es gibt einfach viel mehr Zeug, als man wirklich benötigt. Der **nachhaltigste** Umgang mit Gartengeräten ist daher, sich immer wieder kritisch die Frage zu stellen, ob du dieses Gerät oder jenes Tool wirklich brauchst – denn weniger ist mehr. Setze zudem im Zweifel auf Gartengeräte, die mehrere Funktionen in einem Gerät vereinen, zum Beispiel Hacken mit zwei verschiedenen Seiten.

Bei allen Geräten, die du dir für deinen Garten anschaffst, solltest du außerdem auf **Qualität** achten. Billige Gartengeräte neigen dazu, schneller kaputt zu gehen, und landen dann auf dem Müll. Wenn du stattdessen in hochwertige Produkte investierst, die **langlebig** sind und auch repariert werden können, vermeidest du die Verschwendung von Ressourcen. Qualitativ hochwertige Gartengeräte kosten zwar oft mehr, zahlen sich aber langfristig durch ihre Langlebigkeit aus.

Wenn ein Gartengerät doch mal kaputt geht, obwohl du auf Qualität und Langlebigkeit gesetzt hast, versuche es zu reparieren, anstatt es einfach wegzuwerfen. Die meisten Werkzeuge lassen sich leicht instand setzen und es gibt viele Anleitungen online, die dir dabei helfen können.

NACHHALTIGE MATERIALIEN IM GARTEN

Beim Kauf von Gartengeräten und -tools ist es besonders wichtig, auf die Materialien zu achten. Gerätschaften werden heutzutage gerne aus Plastik hergestellt, was aus verschiedenen Gründen für die Umwelt problematisch ist. Plastik ist ein nicht biologisch abbaubares Material aus Erdöl, das mit der Zeit zwar in kleinere Teile zerfällt, aber nie vollständig abgebaut wird. Gartengeräte aus Plastik können so zur **Mikroplastikverschmutzung** der Umwelt beitragen. Aber auch wenn sie am Stück entsorgt werden, tragen sie zum schon bestehenden und immer wachsenden Müllproblem bei. Insgesamt gelten Geräte aus Kunststoff auch als weniger langlebig, da sie sich schneller verformen oder leichter brechen als andere Materialien.

Manche Plastikteile können auch zu Lebensgefahren für Tiere werden. Vor einigen Jahren habe ich im Gemeinschaftsgarten im Himbeerbusch auf einem Nachbarbeet ein Rascheln gehört. Da das Rascheln immer wieder zu hören war und zunehmend komisch klang, habe ich mir den Busch irgendwann genauer angeschaut. Dabei

musste ich feststellen, dass sich in einem Plastiknetz, das über den Himbeerbusch gespannt war, ein kleiner Vogel verfangen hatte. Er hatte keine Chance, sich selbst daraus zu befreien. Schließlich hat mein Partner den verschreckten Vogel festgehalten, während ich mit einer Schere das Netz zerschnitten habe – was gar nicht so leicht war wegen des zappelnden Vogels, den ich nicht verletzen wollte. Wenn wir nicht da gewesen wären, wäre der Vogel an dem heißen Sommertag vermutlich früher oder später verdurstet. Da ich außerdem das Netz nicht vollständig entfernen konnte, bevor der Vogel wegflog, wird er vermutlich bis ans Ende seiner Tage mit Plastik am Fuß herumfliegen müssen. Dieses Erlebnis verdeutlicht, wie schädlich der Einsatz von Plastik in unseren Gärten sein kann und dass er oftmals unerwartete Konsequenzen hat. Unsere Beetnachbarin war jedenfalls nicht glücklich darüber, dass ihr Plastiknetz fast einen Vogel getötet hätte.

Alternative Materialien, die im Garten wunderbar zum Einsatz kommen können, sind Holz, Metall, Stein und Edelstahl. Wer Gartengeräte aus diesen Materialien kauft, erfreut sich daran meist ein Leben lang und kann diese vermutlich sogar noch an die nächste Generation vererben. Auch für Gartenmöbel sind diese Materialien hervorragend geeignet. Gartenmöbel aus Holz können zum Beispiel geölt oder lasiert werden, um länger schön auszusehen. Beetumrandungen kannst du einfach aus Stein oder Holz herstellen und Hochbeete können ganz einfach aus Holz gebaut werden.

Wenn es um Dinge geht, die weniger lange im Einsatz sind als Gartenmöbel, -geräte und Beetumrandungen, solltest du statt auf Plastik auf **Naturmaterialien** setzen, zum Beispiel Bindfäden aus Jute oder biologisch abbaubare Pflanztöpfe. Selbst Gartenhandschuhe gibt es aus natürlichen Materialien wie Leder oder Naturkautschuk.

LIEBER SECOND HAND ALS NEU

LIFE HACK

Die meisten Gartengeräte wie Schaufeln, Eimer, Rechen und Spaten halten ein Leben lang. Darüber hinaus sind viele solcher Geräte bereits im Umlauf. Bevor du in den Baumarkt fährst und dir ein neues Gartengerät kaufst, frag doch einfach mal, ob jemand aus deinem Freundes- und Verwandtenkreis etwas abzugeben hat, oder schau bei Secondhand-Plattformen im Internet vorbei.

TEILEN STATT KAUFEN

LIFE HACK

Viele Gartengeräte werden nur selten benötigt. Daher solltest du dir überlegen, ob du jemanden kennst, der ein bestimmtes Gartengerät bereits besitzt und bei dem du es dir einfach ausleihen kannst. Auch Baumärkte bieten oft die Option an, Geräte nur für einige Stunden oder Tage zu mieten. Und wenn du Sharing ganz ausleben möchtest, schau dich doch mal in deiner Nachbarschaft um, wer noch einen Garten hat: Vielleicht könnt ihr ja einen gemeinsamen Werkzeug-Schuppen starten?

WERKZEUGE: MANUELL STATT ELEKTRO

Elektrogeräte im Garten sind nicht nur häufig aus Plastik, sie brauchen auch Strom oder einen Akku, um betrieben zu werden. Akkus sind in der Entsorgung enorm umweltschädlich, und auch Strom kommt nicht immer aus grünen Quellen, sodass wir unseren Verbrauch insgesamt und auch im Garten möglichst gering halten sollten. Die meisten Gärten können auch ganz ohne Elektrogeräte instandgehalten werden. So kannst du einfach eine Heckenschere statt eines akkubetriebenen Schneidegeräts nutzen oder den Rasenmäher durch eine Sense ersetzen – was auch für den Rasen und die ökologische Vielfalt im Garten viel besser ist.

Je nach Größe des Gartens kann das Arbeiten mit manuellen Geräten natürlich körperlich anstrengend werden, bedenke aber, dass du viele Tasks in einem ökologischen Garten gar nicht mehr benötigst oder viel seltener ausführst: Das Umgraben stört zum Beispiel die Würmer und Bodenorganismen und sollte daher nur selten und vorsichtig ausgeführt werden. Und Rasenmähen schadet dem Rasen oft mehr, als es bringt – und englische Rasen sind sowieso nicht ökologisch wertvoll und könnten zum Beispiel besser durch eine Blühwiese ersetzt werden.

ELEKTROGERÄTE IM GARTEN	VERWENDUNG	MANUELLER ERSATZ OHNE AKKU/STROM
Rasenmäher	Rasen mähen/schneiden	(manuelle) Sense oder Spindelmäher
Rasentrimmer	Gras an schwer zugänglichen Stellen schneiden	Rasenschere
Heckenschneider	Hecken und Sträucher schneiden	Heckenschere
Laubgebläse	Laub auf einen Haufen bewegen	Laubrechen oder -besen
Unkrautvernichter	Unkraut entfernen	(manuelle) Unkrautstecher
Gartenfräse/Bodenhacke	Boden lockern	Spaten/Hacke/Schaufel/Rechen

Um deinen Garten möglichst umweltfreundlich zu betreiben, solltest du, wann immer möglich, auf elektrische oder akkubetriebene Gartengeräte verzichten. Wenn es doch mal nötig ist, ein Elektrogerät zu nutzen, solltest du darauf achten, dass dieses möglichst energieeffizient ist und mit Ökostrom genutzt oder geladen wird.

RASEN MÄHEN MIT DER SENSE

Eine Sense benötigt keinen Strom oder Benzin, nur die eigene Körperkraft. Außerdem ist das Mähen mit der Sense eine besonders schonende Variante für den Rasen und die darin wachsenden Pflanzen wie Klee. Kleine Tiere wie Insekten, die sich im Rasen aufhalten, können ihr zudem rechtzeitig ausweichen. Das fördert die Biodiversität im Garten.

MATERIALIEN

- eine Sense (für den Rasen werden Rasensensen oder Balkensensen empfohlen)
- Dengelstock und Dengelhammer oder Wetzstein (zum Schärfen der Sense)

1 Optional: Bevor du mit dem Mähen beginnst, musst du sicherstellen, dass die Sense scharf ist. Verwende den Dengelstock und Dengelhammer oder den Wetzstein, um das Blatt der Sense zu schärfen.

2 Stehe aufrecht, aber locker. Deine Beine stehen leicht gegrätscht, mit dem rechten Bein weiter vorne. Halte die Sense so, dass das Blatt vom Körper weg und leicht schräg nach unten zeigt.

3 Führe eine Drehbewegung aus der Hüfte heraus aus, um das Gras zu schneiden. Die Bewegung sollte flüssig und gleichmäßig sein. Mache keine hastigen Bewegungen, um Verletzungen zu vermeiden.

4 Nach ein bis zwei Schwüngen bewegst du dich einen Schritt nach vorne, um dort weiter zu mähen.

5 Mähe das Gras nicht zu häufig, es sollte mindestens 7–10 cm hoch wachsen, bevor du es schneidest. Außerdem solltest du es auch nicht zu kurz schneiden, um die Widerstandsfähigkeit des Rasens gegen Unkraut und Trockenheit zu fördern.

TIPP: Das Mähen mit der Sense braucht Übung. Wenn du dich am Anfang etwas verloren fühlst, ist das ganz normal. Es gibt sogar Kurse, um zu lernen, wie man richtig mit der Sense mäht. Schaue dafür zum Beispiel mal bei Naturschutzorganisationen wie dem NABU oder deiner lokalen Volkshochschule nach.

UPCYCLING IM GARTEN

Eigentlich gibt es auf der Welt bereits viel zu viele Dinge und trotzdem wird immer mehr hergestellt. Dieser **Überkonsum** benötigt unheimlich viele Ressourcen. Um im Garten Ressourcen zu sparen und damit die Umwelt zu schonen, kannst du Dinge, die du bereits besitzt, upcyclen. Upcycling bedeutet, Gegenstände oder Materialien in einer kreativen Weise wiederzuverwenden, die eigentlich für andere Zwecke gedacht waren. Aus alten Dosen, Kisten und allem, was Erde halten kann, kannst du dir einfach Töpfe oder ganze Beete upcyclen. Und auch Gartenmöbel kannst du mit einigen Handgriffen aus alten Paletten herstellen.

Wenn du selbst noch nicht so viele Dinge angesammelt hast und dir daher die passenden Gegenstände zum Upcyclen fehlen, gibt es viele Möglichkeiten, an solche zu kommen. Das wohl naheliegendste ist, in deinem Freundes- und Bekanntenkreis herumzufragen. Oder du plünderst den Keller deiner Eltern oder Großeltern. Es kann sich aber zum Beispiel auch lohnen, kurz vor der Sperrmüllabholung durch die Straßen deines Ortes zu gehen und dort nach **Schätzen** zum Upcyclen zu suchen. Zu guter Letzt bietet auch das

Internet viele Möglichkeiten mit Kleinanzeigenportalen.

Damit Upcycling aber wirklich nachhaltig ist, ist es wichtig, dass du nicht „downcyclest". Wenn du also unbedingt eine Badewanne für deine Zucchinipflanzen verwenden möchtest, setze auf eine alte, kaputte Badewanne, die nicht repariert werden kann, und nutze keine nagelneue, die noch weiter als richtige Badewanne dienen kann.

Beim Upcycling sind deiner Kreativität nur wenige Grenzen gesetzt. Auch hierbei solltest du der Umwelt zuliebe Gegenstände aus Plastik vermeiden. Hier kommt wieder die Problematik zum Tragen, dass Plastik sich nach und nach zersetzt. Durch dein Upcyclingprojekt mit einem Plastikgegenstand könnten so Plastikteilchen in die Umwelt geraten, die nach und nach immer kleiner werden, von Tieren gefressen werden oder in Gewässer gelangen.

Neben Pflanzgefäßen und Palettenmöbeln gibt es noch viele weitere Dinge, die du für deinen Garten upcyclen kannst: zum Beispiel Laternen aus Flaschen und Gläsern, alte Fenster als Mini-Gewächshäuser oder kreative Deko- und Kunstgegenstände.

METALLDOSEN STATT TÖPFEN

LIFE HACK

Metalldosen in jeder Größe kannst du ganz einfach als Blumentopf zweckentfremden. Dafür in den Boden der Dose ein paar Löcher bohren (oder mit Hammer und Nagel hineinschlagen), damit keine Staunässe entsteht und das Wasser ablaufen kann. Danach noch mit Erde befüllen und bepflanzen.

RAKETENSTÖCKE ALS PFLANZENSTÜTZEN

LIFE HACK

Am 1. Januar findet sich erfahrungsgemäß überall Silvestermüll, das ist zwar weder schön noch nachhaltig, aber wenigstens die Raketenstöcke, die aus Holz sind, können im Garten ein neues Leben bekommen: als Pflanzenstäbe oder Rankhilfen. Sammle also einfach beim Neujahrsspaziergang ein paar möglichst saubere und intakte Raketenstöcke für deinen Garten.

HOLZKISTEN EINEN NEUEN ANSTRICH VERPASSEN

Alten Holzkisten kannst du ganz einfach neues Leben einhauchen. Mit einer Holzlasur sehen die Kisten wieder aus wie neu und das Holz wird dadurch außerdem robuster. Dann kann in vielen Fällen direkt Erde eingefüllt werden. Wenn die Kiste zu große Öffnungen hat, kannst du sie noch mit Unkrautvlies auslegen – das schließt die Löcher, lässt aber weiterhin Wasser durch.

LIFE HACK

MÖBEL AUS ALTEN PALETTEN

LIFE HACK

Aus alten Europaletten kannst du ziemlich einfach Gartenmöbel herstellen. Sie bestehen aus Holz und sind daher auch ein schönes, nachhaltiges Material für den Garten. Besonders beliebt sind Sofas, Sitzecken oder Kräuterbeete aus Paletten. Online gibt es viele Bauanleitungen in verschiedenen Schwierigkeitsstufen und du findest sicher genau das, was dir zusagt.

ALTE FENSTER ALS GEWÄCHSHÄUSER

LIFE HACK

Wenn du in deinem Keller, auf dem Sperrmüll oder auf dem Flohmarkt alte Fenster findest, ist das eine tolle Möglichkeit, dir aus deinen Hochbeeten kleine Mini-Gewächshäuser zu bauen. Dafür musst du die Fenster nur am Beetrahmen befestigen und mit Scharnieren versehen, damit du sie öffnen kannst. Durch das Glas entsteht in dem Beet eine Temperatur, die super für junge Pflanzen und Setzlinge geeignet ist.

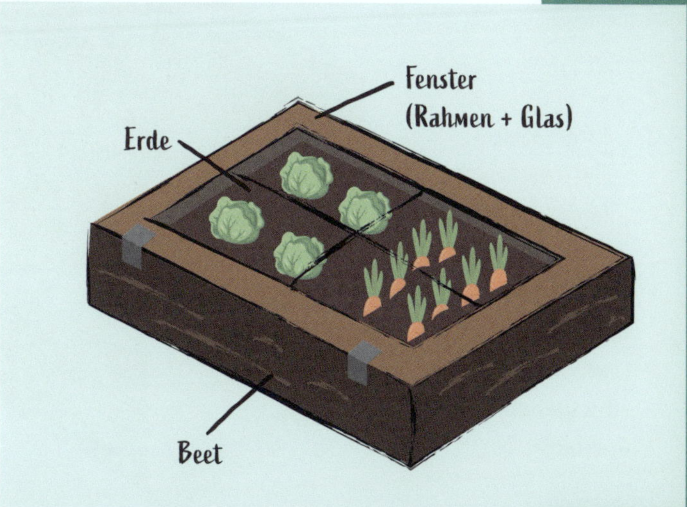

HOCHBEET SCHICHTEN

Hochbeete werden immer beliebter und sie bieten einige Vorteile beim Gärtnern. Zum Beispiel erwärmt sich ein Hochbeet im Frühjahr schneller und hält die Wärme im Herbst länger. Es bedeutet zudem, dass du dich bei der Gartenarbeit weniger bücken musst und so deinen Rücken schonst. Egal ob du dein Hochbeet selbst baust oder ein fertiges Beet kaufst, gibt es bei der Befüllungs einiges zu beachten, um im Hochbeet die optimalen Bedingungen zu schaffen. Ein neues Hochbeet bietet die Möglichkeit, den Boden selbst zu kontrollieren und zu optimieren. Das Schichten eines Hochbeets ist dabei eine effektive Methode, um optimale Bedingungen für das Wachstum von Pflanzen zu schaffen. Dabei werden verschiedene Materialien übereinandergeschichtet und damit die natürliche Bodenbildung nachgeahmt.

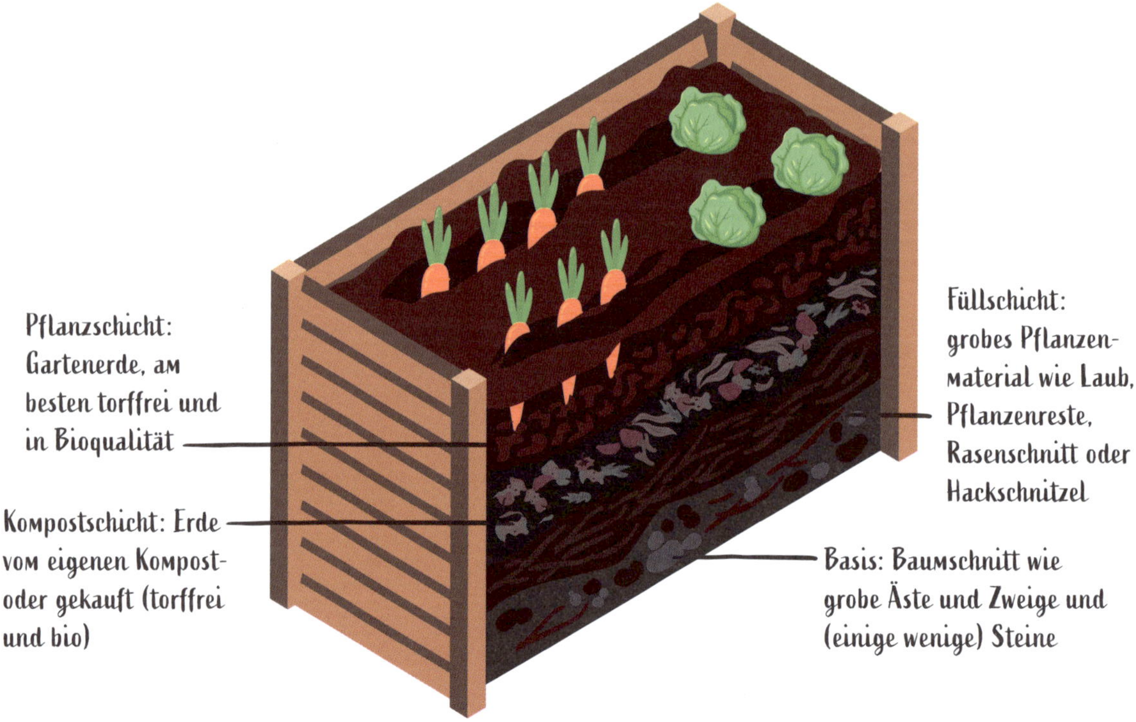

Durch das Schichten kannst du eine gut durchlässige und nährstoffreiche Bodenmischung schaffen, die das Pflanzenwachstum fördert.

WIE WIRD GESCHICHTET?

Das Schichten ist eigentlich ganz einfach, du musst das Beet nur nach und nach mit den erforderlichen Materialien befüllen:

- Basis: Baumschnitt wie grobe Äste und Zweige und (einige wenige) Steine
- Füllschicht: grobes Pflanzenmaterial wie Laub, Pflanzenreste, Rasenschnitt oder Hackschnitzel
- Kompostschicht: Erde vom eigenen Kompost (dabei nimmst du die noch gröbere Erde von weiter oben, nicht den fertigen Humus von unten) oder gekauft (torffrei und bio)
- Pflanzschicht: Gartenerde, am besten torffrei und in Bioqualität

WIE OFT MUSS ICH „NACHSCHICHTEN"?

Gerade im ersten Jahr sackt die Erde im Hochbeet deutlich ab, das liegt daran, dass sich die unteren Schichten nach und nach zersetzen – was aber auch genau das ist, was wir erreichen wollen: natürliche Humusbildung. Um diesen Höhenunterschied nach dem ersten Jahr (oder nach jeder weiteren Saison) auszugleichen, kannst du das Beet mit Gartenerde auffüllen. Nach etwa sechs Jahren wird empfohlen, das Beet einmal vollständig zu leeren und neu zu schichten. Die Erde musst du dann natürlich nicht entsorgen, im Beet ist in diesem Zeitraum nämlich wertvolle Erde entstanden, die du überall in deinem Garten einsetzen kannst – oder auch in der obersten Schicht, wenn du dein Beet neu aufschichtest.

NIEDRIGERE BEETE SCHICHTEN

Es gibt auch immer mehr Hochbeete, die nicht dem klassischen Hochbeet entsprechen, sondern eine recht geringe Höhe haben. Diese sind zum Beispiel auf dem Balkon oder der Terrasse sehr praktisch. Auch hier kannst du schichten, du solltest aber darauf achten, dass die Pflanzschicht mindestens 10–15 cm hoch ist. Um das zu erreichen, kannst du die unteren Schichten weniger hoch auffüllen, zum Beispiel indem du nur eine dünne Basisschicht aus Ästen und Steinen und eine dünne Füllschicht mit grobem Pflanzenmaterial legst. Wenn der Platz nicht ausreicht, kannst du auch eine dieser Schichten ganz weglassen – es empfiehlt sich aber zum besseren Wasserabfluss, alle Schichten zu haben.

ÖKOLOGISCH BEWÄSSERN

Zum Wachsen brauchen unsere Pflanzen Nährstoffe, Licht und Wasser. Wasser kommt uns oft wie eine unendliche Ressource vor: Der Hahn muss nur aufgedreht werden und schon sprudelt es. Aber statt wertvolles Trinkwasser zu verwenden, gibt es nachhaltige Bewässerungsmethoden und sinnvolle Möglichkeiten, Wasser zu sammeln und die Feuchtigkeit besser im Boden zu halten.

WASSER SPAREN

Wasser ist eine kostbare und endliche Ressource, deren Verfügbarkeit und Qualität von entscheidender Bedeutung für das Ökosystem und unsere eigene Lebensqualität ist. Deutschland gilt zwar generell als wasserreiches Land, hat aber in den letzten Jahren verstärkt mit **Wasserknappheit** und -verschwendung zu kämpfen. Diese Herausforderungen erfordern ein Umdenken in der Art und Weise, wie wir Wasser – auch in unseren Gärten – nutzen.

Durch den Klimawandel kommt es vermehrt zu unregelmäßigem Regen und längeren Dürreperioden. Beides hat direkte Auswirkungen auf die **Verfügbarkeit** von Wasser für landwirtschaftliche und private Zwecke. Und selbst wenn nach längeren Dürreperioden der lang ersehnte Regen kommt, kann der Boden durch Austrocknung und Verfestigung an Kapazität verlieren und das Wasser dann schlechter aufnehmen. Diese veränderten Rahmenbedingungen machen der Landwirtschaft, aber auch unseren Bäumen und Wäldern zu schaffen. Durch fehlendes Wasser werden Bäume **anfälliger** für Schädlinge und Krankheiten, außerdem erhöht sich das Risiko für Waldbrände. Damit die Bewässerung deines Gartens nicht zu diesem Problem beiträgt und es noch schlimmer macht, ist es wichtig, mit Wasser gezielt und nicht verschwenderisch umzugehen.

Beim nachhaltigen Gärtnern wird besonders darauf geachtet, möglichst kein **frisches Wasser** aus dem Hahn zu verwenden, das an anderer Stelle besser eingesetzt werden könnte. Du musst deine Pflanzen in einem trockenen Sommer aber auch nicht verdursten lassen. Setze einfach zum Bewässern auf Regenwasser und Grauwasser und achte darauf, mit dem Wasser sorgsam umzugehen, zum Beispiel indem du lernst, richtig zu gießen. Außerdem gibt es Möglichkeiten, um die Verdunstung von Wasser an der Beetoberfläche zu verringern und die Erde **speicherfähiger** zu machen.

INSEKTENFREUNDLICHE PFLANZEN, DIE KAUM WASSER BRAUCHEN

Ein Weg, um Wasser zu sparen, ist, Pflanzen zu pflanzen, die wenig Wasser benötigen. Eine besondere Win-Win-Strategie bieten folgende Pflanzen, da diese auch noch besonders bienen- bzw. insektenfreundlich sind:

- Breitblatt-Lavendel (Lavendula latifolia)
- Gewöhnlicher Natternkopf (Echium vulgare)
- Acker-Witwenblume (Knautia arvensis)
- Wiesensalbei (Salvia pratensis)
- Kronen-Lichtnelke (Silene coronaria)

Eine längere Liste mit bienenfreundlichen Pflanzen findest du ab Seite 150.

KRÄUTERSPIRALE ZUR EFFIZIENTEN NUTZUNG VON WASSER

LIFE HACK

Eine Kräuterspirale bietet Kräutern sehr gute Bedingungen und die Möglichkeit, Wasser (primär bei Regen) optimal zu nutzen. Ganz oben, in die sogenannte **TROCKENZONE**, werden Kräuter gepflanzt, die eher weniger Wasser brauchen, wie Thymian, Rosmarin oder Majoran. In dieser Zone wird außerdem Sand zur Erde hinzugefügt, da diese Kräuter es trocken und nährstoffarm mögen.
Je weiter es nach unten geht, umso feuchter und sandärmer wird die Erde. Im Mittelbereich können Kräuter wie Schnittlauch, Zitronenmelisse oder Estragon gepflanzt werden. Und weiter unten, wo es am feuchtesten ist, finden etwa Basilikum, Dill, Minze und Kapuzinerkresse ihren Platz. Vermeide Kräuter, die gerne (über-) wuchern, wie Liebstöckel, Beinwell oder Ysop.
Eine Kräuterspirale kannst du am besten aus **STEINEN ODER HOLZ** selbst bauen – in Natursteinen ohne Mörtel finden außerdem Tiere wie Eidechsen und Blindschleichen ein Zuhause.

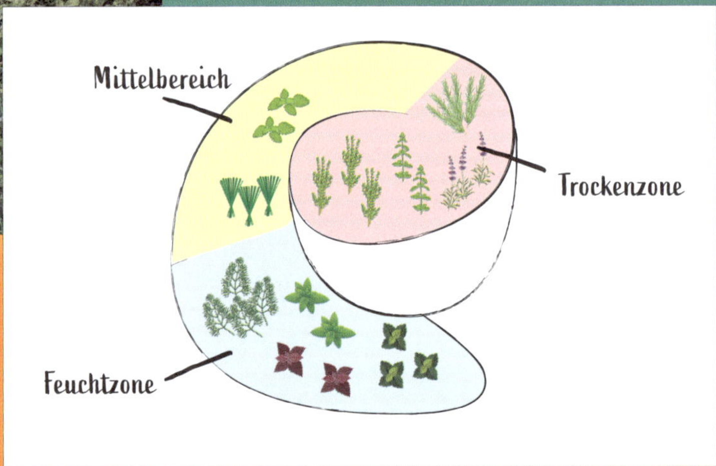

PFLANZEN MIT ÄHNLICHEM WASSERBEDARF GRUPPIEREN

Um effizienter zu bewässern, ist es sinnvoll, Pflanzen mit ähnlichem Wasserbedarf zu gruppieren. So kannst du zum Beispiel ein Beet nur mit Pflanzen anlegen, die einen niedrigen Wasserbedarf haben. Dadurch musst du das ganze Beet weniger gießen und weniger Wasser geht verloren. Genauso funktioniert es auch in die andere Richtung.

SCHÜSSEL IN DER SPÜLE

Egal ob du Salat oder Gemüse wäschst, dir ein Glas Wasser holst oder mal eben deine Hände (ohne Seife) wäschst – in der Küche läuft oft das Wasser und viel davon könnte direkt aufgefangen und zum Gießen verwendet werden. Am einfachsten funktioniert das, indem du eine große Schüssel in die Spüle stellst und das aufgefangene Wasser immer am Abend oder Morgen in die Gießkanne umfüllst.

WASSER AUFFANGEN

Am effektivsten kannst du **Regenwasser** direkt aus der Regenrinne auffangen, denn alles Wasser, das auf dem Dach deines Hauses, Gartenhauses oder Schuppens landet, sammelt sich in der Regenrinne, bevor es in die Kanalisation geht. Es gibt im Baumarkt Vorrichtungen, die du in die Rinne einsetzen kannst, damit das Wasser nicht direkt nach unten in die Kanalisation fließt, sondern mit einer Regentonne aufgefangen wird. Dann musst du bei Regen nur noch die Tonne öffnen – oder je nach Konstruktion brauchst du sogar gar nichts zu machen. Wenn eine Regentonne nicht genug ist, gibt es auch **Verbindungsteile**, um mehrere Tonnen parallel zu nutzen, die sich nacheinander füllen.

RICHTIG UND SPARSAM GIESSEN

Viel Gießwasser geht verloren, indem es direkt an der Beetoberfläche verdunstet. Um das zu vermeiden, solltest du vor allem morgens oder abends gießen. In der prallen Mittagssonne **verdunstet** viel Wasser durch die hohen Temperaturen. Außerdem solltest du die Pflanzen möglichst nicht von oben gießen, sondern direkt am Boden, damit das Wasser an die Wurzeln und nicht auf die Blattoberfläche kommt– das wirkt zugleich vorbeugend gegen Pilzkrankheiten wie Braunfäule.

Zusätzlich gibt es noch einige **Tricks**, wie du die Fähigkeit der Erde, Wasser zu speichern, erhöhen und die Austrocknung der Erde durch Mulchen vermeiden kannst. Durch Gießhilfen und Weinflaschen kannst du außerdem Wasser erst nach und nach an die Wurzeln der Pflanze befördern, sodass immer nur so viel Wasser ankommt, wie aufgenommen werden kann.

NUDELWASSER IM GARTEN VERWENDEN

LIFE HACK

Anstatt das Nudelwasser nach dem Kochen wegzuleeren, kannst du es im Garten verwenden. Das Einzige, was es dabei zu beachten gibt, ist, dass das Wasser nicht gesalzen werden darf und dass du es ausreichend abkühlen lässt – Pflanzen mögen nämlich weder Salz- noch heißes Wasser.

SPÜLWASSER OHNE SPÜLI IM GARTEN VERWENDEN

LIFE HACK

Spülmittel ist nicht unbedingt gut für die Pflanzen und die Böden, daher wäre ich eher vorsichtig damit, Spülwasser aufzufangen und damit draußen zu gießen. Wenn du aber nur leicht verschmutztes Geschirr wäschst, kannst du das Spülmittel einfach weglassen und das Wasser danach zum Gießen verwenden. Stelle eine große Schüssel in dein Waschbecken und fange das Spülwasser darin auf.

MULCHEN

Das Mulchen ist eine wichtige Praxis im Garten, bei der nicht verrottetes Pflanzenmaterial auf die Beetoberfläche gegeben wird. Hauptsächlich wird gemulcht, um die Feuchtigkeit im Boden zu regulieren. Mulch bildet nämlich eine natürliche Barriere, welche die Verdunstung von Wasser reduziert: Dadurch bleibt der Boden länger feucht und du musst weniger gießen.

Daneben hat Mulchen noch einige weitere Vorteile, es verringert zum Beispiel das Wachstum von Unkraut in deinem Beet, indem es Sonnenlicht blockiert und somit dessen Wachstumsbedingungen erschwert. Außerdem schützt es den Boden vor Abtragung, denn die Mulchschicht zersetzt sich mit der Zeit, wodurch die Bodenstruktur verbessert wird und gleichzeitig neue Nährstoffe in den Boden kommen.

Mulchen kann auch Schädlinge und Krankheiten verringern, weil die Pflanze weniger Kontakt zum feuchten Boden hat und weil die Mulchschicht die Luftzirkulation fördern kann.

Theoretisch kannst du jede Pflanze mulchen, so richtig sinnvoll ist es aber vor allem bei Pflanzen, die es gerne feucht haben. Die meisten Gemüsepflanzen mögen Mulch gerne. Die Erdbeere ist im Englischen sogar nach ihrem beliebten Mulchpartner benannt: „Strawberry" ist gleichbedeutend mit „Strohbeere", weil sie früher mit Stroh gemulcht wurden, um sie vor Frost zu schützen. Pflanzen wie mediterrane Kräuter solltest du hingegen nicht mulchen.

GEEIGNETE MATERIALIEN ZUM MULCHEN

- Stroh ist ideal für den Gemüsegarten und Beerensträucher geeignet. Durch seine Struktur fördert es die Luftzirkulation besonders.
- Rasenschnitt ist ein super Mulchmaterial, das viele sowieso zuhauf übrighaben. Du solltest ihn vor der Verwendung aber etwas trocknen lassen, damit er nicht beginnt, unangenehm zu riechen. Übrigens kannst du den Rasenschnitt nach dem Mähen auch einfach liegen lassen, um deinen Rasen damit zu mulchen.
- Wenn du Laub etwas zerkleinerst, kann auch damit sehr gut gemulcht werden. Du kannst es außerdem verwenden, um im Herbst damit leere

Beete abzudecken und so den Boden zu schützen.

- Kiefernnadeln sind als Mulchmaterial besonders für saure Böden geeignet. Sie sind eine gute Wahl für Heidelbeeren und Rhododendren.
- Im Grunde kann auch das meiste andere Pflanzenmaterial zum Mulchen verwendet werden, du solltest es aber ausreichend zerkleinern. Gut geeignet sind zum Beispiel Brennnesseln, die beim Zersetzen zusätzlich Stickstoff in den Boden bringen.

- Rindenmulch ist langlebig und zersetzt sich nur langsam, was ihn zu einer langanhaltenden Mulchoption macht. Ich würde ihn aber nur für größere Pflanzen, wie zum Beispiel Hecken, empfehlen.

ANWENDUNG

1. Die Erde um die Pflanze herum vorsichtig etwas auflockern.
2. Das Mulchmaterial etwa 2–3 cm dick auf der Beetoberfläche verteilen.

TIPP: Lass dabei am besten etwas Platz direkt um den Stamm der Pflanze herum, damit das Mulchmaterial durch das Gießen nicht feucht wird und keine Fäulnis fördert.

KLEINTIER-STROH ZUM MULCHEN

LIFE HACK

Wenn du gerade kein passendes Pflanzenmaterial zum Mulchen dahast, gibt es in der Drogerie geeigneten Ersatz: In der Kleintierabteilung findest du „Einstreu" für Nager und Kleintiere, dabei handelt es sich um naturbelassenes Stroh, das sich super zum Mulchen eignet.

WEINFLASCHEN ZUR BEWÄSSERUNG

Alte Weinflaschen kannst du zur Bewässerung deiner Pflanzen nutzen: Fülle die Flasche mit Wasser und stecke sie ohne Deckel mit dem GEÖFFNETEN Flaschenhals nach unten in die Erde, nahe der Wurzeln deiner Pflanze. Die Pflanze kann sich dann selbst Wasser aus der Flasche ziehen.
Wenn du besonders professionell sein und noch mehr Wasser sparen möchtest, kannst du dir Tonkegel kaufen. Diese werden zuerst in die Erde gesteckt und dann wird die Flasche hineingesteckt – so läuft das Wasser noch langsamer heraus und die Pflanze kann es noch besser regulieren.

„OLLA"-WASSERSPEICHER

Eine sogenannte Olla ist ein Wasserspeicher aus Ton. Er sieht aus wie ein bauchiges Tongefäß mit einem engen Flaschenhals. Du kannst ihn fertig kaufen oder selbst einen herstellen. Du kannst eine Olla in die Erde neben einer Pflanze eingraben und immer wieder mit Wasser füllen. Die Pflanzen ziehen sich dann mit ihren WURZELN selbst das benötigte Wasser durch den Ton und werden so optimal bewässert. Das ist auch eine super Möglichkeit, die Pflanzen während eines Urlaubs weiter mit Wasser zu versorgen.
Aber Achtung bei Pflanzen, die viel und weit wurzeln – hier könnte das Eingraben einer Olla die Wurzeln beschädigen.

TONGRANULAT IN DER ERDE ALS WASSERSPEICHER

Ton besitzt eine sehr hohe Wasserspeicherfähigkeit und kann daher als natürlicher Wasserspeicher in der Erde eingesetzt werden. Du kannst das Tongranulat, das es zum Beispiel im Baumarkt zu kaufen gibt, einfach unter die Erde mischen oder es als unterste Schicht in den Topf oder das Beet geben.

TONSCHERBEN WEITERVERWENDEN

Statt Tongranulat zu kaufen, kannst du auch kaputt gegangene Tontöpfe wiederverwenden, indem du Tonscherben in die Erde einarbeitest. Je nach Größe des Beetes solltest du darauf achten, dass es keine zu großen Scherben sind – eventuell musst du sie noch mal zerschlagen –, aber 2–3 cm große Scherben lassen sich wunderbar in die Erde einarbeiten und dienen als Wasserspeicher.

TRÖPFCHENBEWÄSSERUNG

Tröpfchenbewässerung ist eine Bewässerungstechnik, bei der Schläuche in die Beete eingebaut werden, um exakte Wassermengen direkt am Boden nah an den Wurzeln der Pflanze abzugeben. Dabei wird viel Wasser gespart, indem nur wenig davon überhaupt eingesetzt wird und das Wasser außerdem direkt an der Wurzel ankommt. Schläuche zur Tröpfchenbewässerung kannst du kaufen und selbst verlegen. Das ist auch eine super Methode, um Bewässerung zu automatisieren und nicht so viel selbst gießen zu müssen. Die meisten Systeme zur Tröpfchenbewässerung beinhalten einen Regenmesser und gießen daher nur, wenn es nötig ist. Sie können außerdem so eingestellt werden, dass sie zur optimalen Tageszeit – morgens und/oder abends – gießen.

ARTENSCHUTZ

Dein Garten kann viel mehr sein als nur ein grüner Rückzugsort für dich alleine. Schenke kleineren und größeren Tieren darin ein Zuhause und wertvolle Nahrungsquellen. Rette alte Pflanzensorten und spare durch die natürliche Vermehrung deiner Pflanzen und selbstgewonnenes Saatgut sogar noch Geld. Als Belohnung erhältst du viele neue Mitbewohner, wie wunderschöne Schmetterlinge und süße Eichhörnchen, und leistest einen wertvollen Beitrag für die Natur.

ARTENVIELFALT IM NATURNAHEN GARTEN

Gärten sind ein wichtiger Lebensraum für eine Vielzahl von Pflanzen und Tieren. Die Landwirtschaft setzt seit vielen Jahren auf Monokulturen, was bedeutet, dass nur noch bestimmte Pflanzen angebaut werden, die besonders ertragreich oder pflegeleicht sind. Selbst in Wäldern werden Monokulturen immer häufiger, was dazu führt, dass ganze Waldabschnitte von Schädlingen angegriffen werden und der Wald insgesamt schwächer und weniger artenreich wird.

In unseren heimischen Gärten haben wir die Chance, seltener werdenden Pflanzen ein Zuhause zu bieten und sie damit vor dem Aussterben zu schützen. Gleichzeitig locken diese Pflanzen verschiedene Tiere an und bieten ihnen Nahrung und Unterschlupf. Wenn du in deinem Garten nachhaltige Gartenpraktiken anwendest, schützt du also automatisch Arten. Wenn du zum Beispiel Pestizide vermeidest, führt das auch gleichzeitig dazu, dass verschiedene Pflanzen in deinem Garten wachsen werden und sich Insekten bei dir zuhause fühlen.

Es gibt einige Grundprinzipien eines Gartens, der zum Artenschutz beiträgt: Er beinhaltet heimische Pflanzen und bietet Tieren Nahrung und Unterschlupf an. Diese Faktoren stehen in Wechselwirkung zueinander. Heimische Pflanzen locken oft effektiver einheimische Tierarten an, da sie an die lokalen Bedingungen und Lebensräume angepasst sind. Ein Garten mit einer hohen Artenvielfalt benötigt außerdem meist weniger Krankheits- und Schädlingsbekämpfung, da die Pflanzen zueinander in Mischkulturen stehen und einander schützen. Manche Tiere wiederum sind Nützlinge, die für dich die Schädlinge bekämpfen.

Um verschiedenen Tieren und Pflanzen eine breite Palette an guten Lebensbedingungen zu bieten, ist es sinnvoll, verschiedene Lebensräume in den Garten zu integrieren, zum Beispiel Blumenbeete, Rasenflächen, Teiche und Hecken. Durch die verschiedenen Abschnitte wird der Garten weniger zu einer Monokultur und mehr zu einem naturnahen Garten.

INVASIVE ARTEN

Invasive Arten sind Pflanzen oder Tiere, die in ein neues Gebiet eingeführt werden und sich dort aggressiv ausbreiten, oft auf Kosten der einheimischen Arten und der Stabilität des Ökosystems. Diese Eindringlinge können erhebliche **Schäden** verursachen, sowohl in natürlichen Lebensräumen als auch im Garten. Invasive Arten können absichtlich oder unbeabsichtigt aus ihrer natürlichen Umgebung in neue Gebiete gelangen. Das kann durch den Menschen, etwa durch den Handel mit Pflanzen oder Haustieren, durch Schifffahrt, Landwirtschaft oder andere menschliche Aktivitäten passieren. Invasive Arten zeichnen sich besonders dadurch aus, dass sie sich schnell **vermehren** und ausbreiten, was dazu führen kann, dass sie natürliche Ökosysteme dominieren und heimische Arten verdrängen. Weitere negative Folgen von invasiven Arten sind, dass sie Krankheiten übertragen können oder Lebensraumstrukturen verändern – was dann zum Beispiel dazu führt, dass andere Tiere und Pflanzen nicht mehr die optimalen Lebensbedingungen für sich vorfinden.

Ein Beispiel für eine invasive Tierart in Europa ist das **Grauhörnchen**, das die hier eigentlich einheimische Eichhörnchenart, das Europäische Eichhörnchen, nach und nach verdrängt. Das Grauhörnchen stammt ursprünglich aus Nordamerika und ist oft aggressiver und anpassungsfähiger als die europäischen Verwandten. Es kann außerdem eine Rolle bei der Verbreitung des sogenannten Eichhörnchenpockenvirus spielen, das für das Europäische Eichhörnchen tödlich sein kann, während das Grauhörnchen weniger anfällig dafür ist.

Auch in der Pflanzenwelt gibt es viele invasive Arten, diese werden häufig im Baumarkt neben den einheimischen Arten verkauft und so kann es einfach passieren, dass sie quasi unbemerkt in den eigenen Garten Einzug halten. Eine invasive Pflanzenart, die oft unbeabsichtigt von Menschen in Deutschland gekauft und in Gärten gepflanzt wird, ist das **Indische Springkraut**. Es kommt ursprünglich aus dem Himalaya und hat sich in vielen Teilen Deutschlands und Europas als invasive Pflanze etabliert. Das

Problem mit dieser Art ist, dass sie sich sehr schnell vermehrt und einheimische Pflanzen verdrängen kann. Die Samen des Indischen Springkrauts sind leicht transportierbar und werden oft unwissentlich durch den Wind oder durch Gartenarbeiten weiter verbreitet.

Die Tatsache, dass invasive Pflanzenarten die einheimischen Pflanzenarten verdrängen können, ist auch für die einheimische Tierwelt fatal. Unsere einheimischen Insekten haben sich über einen langen Zeitraum an die hier heimischen Pflanzen **angepasst**. Viele Schmetterlingsarten sind auf bestimmte heimische Pflanzen als Nahrungsquelle für ihre Raupen und Larven spezialisiert. Beispielsweise ist der Monarchfalter auf die Nektarpflanze Milchkraut angewiesen, um seine Raupen zu ernähren. Wenn nun aber in einem kurzen Zeitraum die einheimischen Pflanzen verdrängt werden, kann das dazu führen, dass die Insekten nicht mehr genug Nahrung finden können. Ein Beispiel für eine solche invasive Art ist der **Japanische Knöterich**. Er wird oft wegen seiner Wuchskraft und seines dekorativen Aussehens angepflanzt, die Pflanze bietet aber wenig Nahrung für einheimische Insekten.

FOLGENDE HÄUFIG IN GÄRTEN VORZUFINDENDE INVASIVE PFLANZENARTEN SOLLTEST DU IN DEINEM GARTEN VERMEIDEN:

- Japanischer Staudenknöterich
- Indisches Springkraut
- Riesen-Bärenklau
- Götterbaum
- Drüsiges Springkraut
- Kanadische Wasserpest
- Amerikanischer Staudenknöterich
- Kanadisches Berufkraut
- Goldrute
- Kamberkrebs
- Spätblühende Traubenkirsche

DAS RICHTIGE SAATGUT

Wenn es um das Thema Artenschutz geht, springen die Gedanken immer schnell zu Tieren, die vom Aussterben bedroht sind, wie zum Beispiel die Biene. Aber auch Pflanzen benötigen unseren Schutz, denn sie bilden die Grundlage fast aller Ökosysteme auf der Erde. Sie dienen als Nahrungsquelle für viele Tiere und auch den Menschen und spielen eine entscheidende Rolle bei der **Regulierung** des Klimas und des Wasserhaushalts. Trotz ihrer fundamentalen Bedeutung sind viele Pflanzenarten akut gefährdet. Die Ursachen dafür sind vielfältig, dazu zählen unter anderen die Umweltverschmutzung, der Wegfall von Lebensräumen mit den passenden Bedingungen für die Pflanzen, die Klimaerwärmung und die sich damit ändernden Bedingungen. Aber auch Monokulturen und die damit zusammenhängende schrumpfende Artenvielfalt sind ein wichtiges Thema.

Monokulturen fördern den Anbau einer begrenzten Anzahl von Sorten, die den Anforderungen der modernen industriellen Landwirtschaft entsprechen. Dies führt oft zur **Vernachlässigung** vieler alter, weniger verbreiteter Sorten. Da diese Sorten in Monokulturen nicht angebaut werden, kommen sie immer seltener vor und könnten schließlich aussterben. Monokulturen schaffen außerdem günstige Bedingungen für das Auftreten von Krankheiten und Schädlingen, die eine bestimmte **Kulturpflanze** befallen. Wenn eine Krankheit ausbricht oder ein Schädling einfällt, kann erheblicher Schaden angerichtet werden, da es keine genetische Vielfalt gibt, die als natürliche Abwehr dienen kann.

Wenn Pflanzenarten aussterben, hat dies weitreichende Auswirkungen auf andere Arten, die von ihnen **ABHÄNGIG** sind. Der Verlust von Pflanzenarten kann zu einem Dominoeffekt führen und die Artenvielfalt in einem Ökosystem erheblich verringern.

Es ist wichtig, dass wir unsere Pflanzen schützen und auf Artenvielfalt setzen. Pflanzen erbringen eine Vielzahl von **„Dienstleistungen“** in unseren Ökosystemen, wie die Reinigung von Wasser und Luft, die Bodenbildung und die Stabilisierung von Küstenlinien.

Saatgut ist das Material, das Pflanzen zur Reproduktion bilden. Es ist ein entscheidender Bestandteil der Landwirtschaft und

Ernährungssicherheit. Die Artenvielfalt von Pflanzensaatgut ist von großer Bedeutung, da sie die genetische Vielfalt von Kulturpflanzen und Wildpflanzen erhält. Die Saatgutindustrie hat in den letzten Jahrzehnten eine starke Monopolbildung erfahren, wobei einige wenige große Unternehmen die Mehrheit des globalen Saatgutmarktes kontrollieren. Diese Unternehmen entwickeln genetisch modifizierte Organismen und hybride Sorten, die oft auf patentiertem Saatgut basieren. Durch dieses Monopol und das patentierte Saatgut sind Landwirt:innen und Gärtner:innen immer abhängiger von den wenigen großen Saatgutunternehmen.

Das hat einige Nachteile für Umwelt und Gesellschaft, denn Monopole begrenzen die Vielfalt der verfügbaren Pflanzensorten. Dies kann zu einem Verlust an genetischer Vielfalt führen, da alte und traditionelle Sorten vernachlässigt werden. Außerdem kontrollieren die Unternehmen durch die Abhängigkeit der Landwirte die Preise für Saatgut und haben damit eine erhebliche Macht über die globale Lebensmittelproduktion und -versorgung.

Artenschutz bedeutet auch, diese Monopole aufzubrechen und wieder eine Unabhängigkeit von den Saatgutunternehmen zu erlangen. Wichtig ist es dafür, alte, traditionelle Sorten anzubauen und zu fördern, deren Saatgut immer wieder verwendet werden kann, und auf nicht hybride Sorten zu setzen.

SAMENFESTES SAATGUT

Samenfestes Saatgut bedeutet, dass aus dem Samen eine Pflanze wächst, deren Samen wiederum weiterverwendet werden können, um neue Pflanzen zu ziehen. Eine samenfeste Sorte kann sich also ganz natürlich vermehren, während eine nicht samenfeste Sorte meistens eine Hybridsorte ist, die aus einer Kreuzung von Inzuchtlinien entstanden ist. Durch diese Sorten wird die Sortenvielfalt eingeschränkt und Bauern werden immer abhängiger von Saatgutkonzernen. Für dich hat samenfestes Saatgut also den Vorteil, dass du aus deinen eigenen Pflanzen Samen entnehmen kannst, um im nächsten Jahr wieder neue Pflanzen daraus zu ziehen!

Es gibt einige INITIATIVEN zur Förderung von Artenschutz beim Saatgut, die sehr unterstützenswert sind. Dazu zählen Saatgutsammlungen, Community-Saatgutbanken und Organisationen, die sich für die Schaffung von Lizenzen einsetzen, die Saatgut als gemeinschaftliches Gut behandeln und es frei zugänglich machen, anstatt es zu patentieren.

EIGENES SAATGUT GEWINNEN

LIFE HACK

Wer samenfestes Saatgut kauft, hat den Vorteil, dass die eigenen Samen einfach aufbewahrt und wiederverwendet werden können. Blühpflanzen wie Ringelblumen oder Kapuzinerkresse musst du dafür einfach verblühen lassen, nach der Blüte bilden sich die Samen, die du abzupfen und bis zum nächsten Jahr aufbewahren kannst.

Bei Gemüsepflanzen stecken die Samen in der Frucht, bei Chilis oder Tomaten kannst du einfach ein paar Kerne entnehmen, trocknen und aufbewahren. Achtung allerdings bei hybriden Pflanzen wie Zucchinis: Diese können giftig werden, wenn sie immer wieder aus dem eigenen Saatgut gezüchtet werden!

ALTE, SELTENE UND VERGESSENE SORTEN

Während das Angebot in Supermärkten gefühlt immer größer wird, gibt es bei Obst und Gemüse oft nur wenige, immer gleiche Sorten: grüne Zucchini, lila Auberginen, rote Fleischtomaten und ein paar Cherry-Tomaten. Aber eigentlich gibt es gar nicht „die eine Zucchini", sondern diverse Sorten jeder Gemüseart. Im eigenen Garten hast du die Möglichkeit, den ganzen fancy Sorten ein Zuhause zu bieten, wie gelben Zucchini, gestreiften Auberginen, Tomaten in allen Formen und Farben und sogar lila Karotten. Neben der Tatsache, dass die dadurch entstehende Abwechslung auf dem eigenen Teller Spaß macht und lecker ist, unterstützt das auch die Artenvielfalt.

NATÜRLICHE VERMEHRUNG VON PFLANZEN

Die meisten Pflanzen vermehren sich durch das Bilden von Früchten und Samen. Daneben gibt es auch noch weitere Fortpflanzungsmöglichkeiten, zum Beispiel durch Ausläufer, Stecklinge und Knollen. Dabei gibt es verschiedene Arten von Pflanzen in Bezug auf ihre Lebensdauer und wann sie Früchte und Samen bilden.

Einjährige Pflanzen durchlaufen ihren gesamten Lebenszyklus in nur einem Jahr. Sie keimen, wachsen, blühen, produzieren Samen und sterben innerhalb eines Jahres. Beispiele für einjährige Pflanzen sind viele Gemüsesorten wie Kürbisse und Tomaten. Mehrjährige Pflanzen leben länger als ein Jahr und können über mehrere Jahre hinweg wachsen und sich fortpflanzen. Sie überdauern die Wintermonate und setzen im nächsten Frühling ihr Wachstum fort. Beispiele für mehrjährige Pflanzen sind Bäume, Sträucher, Stauden und Gräser.

Neben diesen beiden besonders bekannten Arten gibt es auch zweijährige Pflanzen. Diese haben einen zweijährigen Lebenszyklus. Im ersten Jahr wachsen sie aus Samen, bilden eine Pflanze und speichern Energie. Im zweiten Jahr wachsen sie weiter, blühen, produzieren Samen und sterben ab. Ein bekanntes Beispiel für eine zweijährige Pflanze ist die Karotte. Häufig werden zweijährige Pflanzen aber aus anderen Gründen angebaut als zur Entnahme der Samen, in diesem Fall wird die Pflanze schon nach einem Jahr geerntet und erreicht dadurch nie den Lebenszyklus des zweiten Jahres, in dem die Samenbildung stattfindet.

SELBSTAUSSAAT

Wenn du einjährige Pflanzen lange genug im Beet stehen lässt, passiert es häufig, dass sie sich selbst aussäen. Eine Minze in einem Topf kann man so schnell für eine mehrjährige Pflanze halten, weil sie sich, wenn die Blütenstände lange genug stehen gelassen werden, selbst aussät. Die Samen überwintern dann und bilden im Frühling neue Pflanzen. Bei einigen einjährigen Pflanzen klappt das besser als bei anderen. Bei wärmeliebenden Pflanzen, wie zum Beispiel Zucchinis oder Tomaten, sollte eher nicht auf die Selbstaussaat gesetzt werden.

Wenn du schon mal eine Tomate im Beet vergessen hast oder ab und zu Tomaten auf den Kompost wirfst, wird dir sicher schon aufgefallen sein, dass die Selbstaussaat hier auch funktioniert. Allerdings ist es draußen erst spät im Jahr warm genug für die Pflanze und so wird sie innerhalb einer Saison nicht groß genug. Wenn du Samen von deinen Pflanzen nehmen möchtest, ist es wichtig, dass du den Lebenszyklus der Pflanze kennst und ihn in deine Planung einbeziehst.

AUSLÄUFER

Viele Pflanzen können sich auf mehr als eine Weise vermehren, zum Beispiel kann Minze sowohl durch Stecklinge und Samen als auch durch Teilung der Pflanze vermehrt werden. Oft gibt es eine Methode, die das Vermehren besonders einfach macht. Statt zum Beispiel die Samen der Erdbeere zu entnehmen und aus diesen neue Pflanzen anzuziehen, bildet die Erdbeere im Spätsommer bis Herbst Ausläufer. Diese setzen sich von selbst ins Beet oder können von der eigentlichen Pflanze abgetrennt und an anderer Stelle eingepflanzt werden. Diese Methode ist viel einfacher und weniger arbeitsintensiv als die Vermehrung durch Samen.

STECKLINGE

Tomaten können nicht durch Selbstaussaat vermehrt werden, sondern nur durch Stecklinge. Wenn ich Tomaten selbst ziehe oder bei einer Gärtnerei kaufe, wähle ich immer Pflanzen aus, die eher buschig wachsen, um daraus neue Pflanzen zu ziehen. Dafür musst du nur einen Trieb der Pflanze von der eigentlichen Pflanze abtrennen und für einige Tage ins Wasser stellen. Der Steckling bildet dann neue Wurzeln und kann in die Erde eingepflanzt werden. Diese Methode hat für mich schon so manches Tomatenjahr gerettet, in dem weniger angezogene Pflanzen überlebt haben als gedacht oder in dem Braunfäule eine Pflanze zu früh im Jahr dahingerafft hat.

Auf ähnliche Weise funktioniert die Vermehrung des Knoblauchs. Hier wählst du eine besonders große, gesunde Zehe aus deiner Ernte aus und pflanzt diese wieder ein. So wird aus einer Knoblauchzehe wieder eine ganz neue Pflanze, die du am Ende der Saison ernten kannst. Wenn du noch keinen eigenen Knoblauch geerntet hast, kannst du auch Knoblauch aus dem Supermarkt nehmen. Dabei solltest du eine besonders große Knolle wählen und unbedingt darauf achten, dass sie aus Europa (am besten aus Deutschland) kommt, damit es sich um eine Sorte handelt, die mit dem europäischen Klima klarkommt.

KNOLLEN

Eine weitere Methode ist die Vermehrung mit Knollen. Die wohl am häufigsten angebaute Knollenpflanze ist die Kartoffel. Hier kannst du ganz einfach eine Kartoffel in die Erde geben und aus dieser einen Knolle wachsen dann Wurzeln und viele weitere Knollen.

NAHRUNG FÜR TIERE ANBIETEN

Der wohl wichtigste Aspekt für den Artenschutz im Garten ist die Schaffung und Pflege von Lebensräumen für Tiere und Pflanzen. Ein wichtiger Faktor dabei ist die Bereitstellung von Nahrung für wild lebende Tiere. Tiere sind auf Nahrung angewiesen, um zu überleben und sich fortpflanzen zu können. In natürlichen Lebensräumen finden sie dabei eine breite Palette an Pflanzen und Kleintieren als Nahrungsquellen. In den letzten Jahrzehnten haben sich die Ökosysteme auf unserer Welt aber drastisch verändert. Durch die Abholzung von Wäldern, Monokulturen und die Umwandlung natürlicher Lebensräume in Industrie- und Wohnraum gehen immer mehr Lebensräume von wildlebenden Tieren verloren. Durch diesen Verlust an Lebensräumen entsteht auch ein Mangel an Nahrung für die Tiere. Zusätzlich zu diesen großen Herausforderungen durch Flächenverlust beeinträchtigen auch der Klimawandel und die Umweltverschmutzung die Verfügbarkeit von Nahrung für Tiere. So können zum Beispiel die sich verschiebenden Klimazonen und veränderte Wetterbedingungen das Nahrungsangebot für Tiere stark beeinflussen.

Die Tiere sind nicht nur auf uns angewiesen, um genug Nahrung zu finden, wir sind auch auf die Tiere angewiesen. Dein Garten voller großer und schöner Gemüsepflanzen wird dir am Ende nicht viel bringen, wenn kein Insekt vorbeikommt und diese bestäubt. Wir brauchen die Tiere in unserem Garten genauso sehr, wie sie uns brauchen. Und neben unserer Abhängigkeit von den bestäubenden Insekten sind diese auch einfach wunderschön anzusehen, wie sie von Blüte zu Blüte fliegen. Manchmal habe ich sogar schon eine Hummel entdeckt, wie sie gemütlich auf einer Blüte auf meinem Balkon ruhte.

Unsere Gärten können wir wunderbar dafür nutzen, um Tieren Nahrung anzubieten. Die naheliegendste Option dafür sind einheimische Blühpflanzen. Aber nicht jede Pflanze ist gleich wertvoll für Insekten. Außerdem gibt es Insekten, die sich auf ganz bestimmte Pflanzen spezialisiert haben. Um die Artenvielfalt in deinem Garten hochzuhalten, ist es also wichtig, Abwechslung zu schaffen. Das bedeutet übrigens nicht, dass du nur noch Blühpflanzen anpflanzen darfst, die für dich keinen Nutzen haben, denn es gibt viele Pflanzen, die sowohl insektenfreundlich als auch für uns Menschen essbar sind. Ein Beispiel dafür ist Basilikum, aber auch viele andere Kräuter bilden wunderschöne und für Insekten wertvolle Blüten, wenn man sie blühen lässt.

GEFÜLLTE BLÜTEN

Nicht jede schöne Blüte ist wertvoll für Insekten, so auch gefüllte Blüten. Gefüllte Blüten sind Blüten, die aufgrund einer Mutation oder züchterischen Auswahl zusätzliche Blütenblätter oder andere strukturelle Modifikationen aufweisen, die zu einer verdichteten oder gefüllten Erscheinung führen. Beispiele dafür sind Rosen oder Dahlien. Durch die zusätzlichen Blütenblätter und strukturellen Veränderungen können gefüllte Blüten den Zugang zu Nektar und Pollen für

Insekten verhindern. Außerdem produzieren sie oft im Vergleich zu ihren ungefüllten Gegenstücken weniger Nektar oder Pollen, was dazu führen kann, dass Insekten weniger Nahrung finden und zugleich zusätzliche Energie aufwenden müssen, um an den Nektar zu gelangen. Dadurch sind gefüllte Blüten als Nahrungsquellen für Bestäuber wie Bienen, Schmetterlinge und Hummeln eher ungeeignet.

BLÜHWIESE ANLEGEN

Blühwiesen oder -streifen sind eine wunderbare Möglichkeit, um in deinem Garten ein reichhaltiges Buffet für Bienen, Schmetterlinge und andere Insekten anzubieten. Noch ein Pluspunkt: Sie sind wunderschön anzusehen!

BESONDERS GEEIGNETE PFLANZEN FÜR DEINE BLÜHWIESE

Oft gibt es fertige Saatgutmischungen für Blühwiesen zu kaufen, diese sind wunderbar geeignet, solange es sich um heimische Pflanzen handelt. Wenn du selbst eine Auswahl treffen möchtest, sind hier ein paar gängige Pflanzen:

- Margerite
- Flockenblume
- Hornklee
- Schlüsselblume
- Schafgarbe
- Gänseblümchen
- Wilde Möhre
- Johanniskraut
- Malve
- Wiesenkerbel
- Kornblume
- Glockenblumen
- Habichtskraut
- Wiesensalbei
- Wilde Möhre
- Ringelblume
- Akelei

ACHTUNG: Wenn du auf eine Saatgutmischung setzt, achte unbedingt auf die Qualität – viele eher günstige Saatgutmischungen, zum Beispiel aus dem Baumarkt, sind nicht so insektenfreundlich wie erhofft.

DAS SOLLTEST DU BEI EINER BLÜHWIESE BEACHTEN

- optimaler Standort: nährstoffarmer, eher trockener Boden; sonnige Lage
- Aussaat: Das meiste Saatgut für Blühwiesen kann zwischen März und Mai ausgesät werden
- Pflege: 1–2x im Jahr mähen ist völlig ausreichend – am besten mit der Sense

SAND FÜR DIE BLÜHWIESE

LIFE HACK

Die meisten heimischen Wildblumen mögen gerne nährstoffarme Böden und wachsen und gedeihen darauf besonders gut. Wenn du in deinem Garten nur nährstoffreichen Boden hast, kannst du einen besseren Boden für die Blühwiese erzielen, indem du Sand unter die Erde mischst. Der Sand kann außerdem bei der Dosierung der Samen helfen: Mische diesen einfach vor der Aussaat mit den Samen und gib beides zusammen auf die Erde.

KRÄUTER EINFACH MAL BLÜHEN LASSEN

LIFE HACK

Bei der Suche nach insektenfreundlichen Pflanzen fällt schnell auf: Es stehen viele Kräuter auf der Liste, die sowieso schon in vielen Gärten zu finden sind. Damit Insekten deren Pollen und Nektar auch nutzen können, brauchen diese aber Blüten. Das gelingt ganz einfach, indem du die Kräuter weniger aberntest. Zum Beispiel definierst du bestimmte Stiele, die gar nicht abgeerntet werden, und diese wachsen dann weiter und bilden Blüten. Perfekt geeignet für diese Methode sind zum Beispiel Basilikum, Schnittlauch, Thymian und Majoran – alles sehr insektenfreundliche Kräuter.

VOGELFUTTERHÄUSCHEN IM WINTER AUFHÄNGEN

Vögel haben im Winter oft Schwierigkeiten, ausreichend Futter zu finden – die Felder sind abgeerntet, insgesamt werden die Landschaften karger und wenn Schnee liegt, begräbt er viel Futter unter sich. Im Winter ist es daher sehr wertvoll, im eigenen Garten ein Futterhäuschen für Vögel aufzustellen. Vogelfutter gibt es meistens in Drogerien, Supermärkten und Baumärkten zu kaufen und Häuschen gibt es auch zuhauf in allen möglichen Variationen. Am besten sind Häuschen mit einem kleinen Vorsprung, auf dem die Vögel sitzen können, anstatt direkt im Futter sitzen zu müssen. Du findest sicher ein Modell, das zu deinem Garten passt.

PLASTIKFREIES MEISENKNÖDEL-MAKRAMEE

MATERIALIEN

- outdoorgeeignete Schnur (z. B. Jutegarn), 6x 1,20 m
- (plastikfreie) Meisenknödel
- Schere

ANLEITUNG

1 Jede der sechs Schnüre in der Mitte zusammenlegen.

2 Die doppelt gelegten Schnüre übereinander legen und am Ende mit den Schlaufen einen großen Knoten mit ca. 2–3 cm Abstand zum Ende machen.

3 Je zwei nebeneinander liegende Schnüre zusammennehmen und mit 2–3 cm Abstand vom großen Knoten zusammenknoten.

4 Schritt 3 für alle übrigen Schnüre wiederholen, sodass insgesamt 6 Knoten entstehen.

5 Mit ca. 2 cm Abstand von der Knotenreihe aus Schritt 4 wieder zwei nebeneinanderliegende Schnüre, die noch nicht zusammengeknotet sind, zusammenlegen und verknoten, sodass ein Netz entsteht. Für alle Schnüre auf dieser Ebene wiederholen (also wieder insgesamt 6 Knoten arbeiten).

6 Den letzten Schritt ca. 2 cm weiter unten nochmals durchführen, sodass ein Netz mit insgesamt drei Ebenen von Knoten entsteht.

7 Ca. 2 cm unter der letzten Knotenreihe alle Schnüre übereinanderlegen und zusammenknoten, sodass ein dicker Knoten als Abschluss entsteht. Die Enden der Schnüre ca. 2–3 cm unterhalb des Knotens abschneiden.

8 2–3 Meisenknödel in das Netz einsetzen und dieses an einem Baum oder einer anderen Befestigung im Garten aufhängen.

UNTERSCHLUPF FÜR TIERE ANBIETEN

Ähnlich wichtig, wie den Tieren Nahrung anzubieten, ist das Bereitstellen von Unterschlüpfen. Wie bei der Nahrung ist auch hier das größte Problem, dass Tieren immer mehr **Lebensräume** weggenommen werden. Wo sich früher noch große Flächen von Natur befunden haben, sind heute Gewerbegebiete, ein riesiger Supermarktparkplatz oder Wohnhäuser. Auch in Steinvorgärten oder penibel gepflegten Gärten, in denen der englische Rasen raspelkurz gehalten wird und kein Blatt länger als ein paar Stunden auf dem Boden liegen bleibt, finden Tiere nur wenig Unterschlupf. Und auch die riesigen Monokulturen, die in der Landwirtschaft immer häufiger vertreten sind, sind für Tiere kaum brauchbar als Unterschlupf.

Manche Insekten suchen in der Natur ihren Unterschlupf in bestimmten Pflanzen, zum Beispiel Blumen mit hohen Stängeln oder dichten Bodendeckern. Andere leben in Totholz oder suchen sich Höhlen und Ritzen, in denen sie sich verstecken können, wie in Gesteinen oder Baumrinden.

Außerdem lassen sich Tiere nur dort nieder, wo auch Nahrungsquellen für sie vorhanden sind. In deinem Garten kannst du solche optimalen **Bedingungen** durch das nachhaltige und naturnahe Gärtnern schaffen.

Insekten brauchen Unterschlupfmöglichkeiten als Schutz vor Raubtieren und Wetterbedingungen wie Regen, aber auch als Brutstätten und Ort zum Überwintern. Verschiedene Insekten wie Wildbienen, Schmetterlinge, Käfer und Motten haben unterschiedliche **Vorlieben**, was den optimalen Unterschlupf angeht. Im Garten wird es immer beliebter, auch „künstliche“ Lebensräume

für Insekten anzubieten, die speziell dafür ausgelegt sind, einer großen Menge an Arten einen Unterschlupf zu bieten. Das wohl bekannteste Beispiel dafür sind Insektenhotels. Es gibt aber viele weitere einfache Umsetzungsmöglichkeiten, um Insekten einen Unterschlupf im eigenen Garten zu bieten.

Aber nicht nur Insekten haben Probleme mit schwindenden Lebensräumen und damit mangelnden Unterschlupfmöglichkeiten. Auch größere Tiere wie Vögel, Igel, Eidechsen und Fledermäuse brauchen sichere Orte, um sich vor Raubtieren zu schützen, sich fortzupflanzen und zu ruhen. Für manche dieser Tiere kannst du einen Unterschlupf schaffen, indem du gezielt zum Beispiel Nisthilfen oder Fledermauskästen aufhängst. Für viele andere Tiere ist es vor allem hilfreich, wenn du verschiedene Lebensräume in deinem Garten schaffst und diesen nicht allzu penibel pflegst. Eidechsen fühlen sich zum Beispiel in Fugen, Steinmauern, aber auch in gestapeltem Holz oder Laubhaufen wohl. Und Vögel nutzen gerne Hecken, um sich vor Raubtieren zu verstecken oder manche sogar, um dort ein Nest zu bauen und ihre Jungen aufzuziehen.

Einen Unterschlupf anzubieten, hat eher weniger damit zu tun, dass du ein Herz für Tiere hast. Die Tiere helfen im Gegenzug, indem sie dir Arbeit im Garten abnehmen. Damit meine ich nicht nur, dass es dir Arbeit erspart, wenn du den Laubhaufen einfach liegen lässt, anstatt ihn wegzuräumen, und ein Igel ihn dann als Winterquartier nutzt. Doch wenn du auf diese Weise einem Igel ein Zuhause schenkst, wird er sich vermutlich revanchieren, indem er unliebsame Schnecken frisst.

All diese Tiere sind wichtig für das ökologische Gleichgewicht. Und wenn wir mal ehrlich sind, ist es auch einfach spannend, die Tiere im eigenen Garten zu haben und damit die Chance zu bekommen, sie hautnah zu beobachten. Im Frühling zahlt sich zum Beispiel das Aufhängen eines Nistkastens für Vögel durch das Zwitschern süßer Vogelbabys aus, die du dann später bei ihren ersten Flugversuchen beobachten kannst.

INSEKTENHOTEL

Egal ob du ein Insektenhotel selbst bauen möchtest oder es kaufst, es gibt einige Dinge, die du unbedingt beachten solltest:

- Alle Löcher im Insektenhotel, zum Beispiel in Holzstämmen oder in Röhren wie Bambus, müssen unbedingt überprüft werden: Wenn diese splittrig sind, können sie die Flügel der Insekten verletzen und damit mehr Schaden anrichten als nutzen.
- Das Insektenhotel sollte so naturbelassen wie möglich sein, du solltest es daher weder lackieren noch mit Reinigungsmitteln sauber machen.
- Insektenhotels bleiben ganzjährig draußen. Auch wenn es vielleicht lieb gemeint ist, das Hotel bei kalten Temperaturen reinzuholen, signalisiert das den Bewohnern nur, dass der Winter vorbei ist – und dann sind sie plötzlich in deinen Wohnräumen und können draußen nicht mehr überleben.

WELCHES HOTEL FÜR WELCHE INSEKTEN?

Je nach Materialien, die im Insektenhotel eingesetzt werden, werden unterschiedliche Tiere angezogen:

MATERIAL	TIERE
Röhren (z. B. Bambus)	Wildbienen, Wespen
Holzblöcke (z. B. Stämme) mit Löchern	Wildbienen, Wespen
Ziegelsteine	Wildbienen, Wespen
lose Tannenzapfen	Florfliegen, Marienkäfer
Stroh	Florfliegen, Marienkäfer
lose Holzstückchen	Ohrenkneifer, Käfer
dünne Zweige	Schmetterlinge

ANSPRÜCHE DER INSEKTEN

- warmer und sonniger Standort
- geschützt vor Vögeln und Katzen
- Nahrungsquellen (heimische Pflanzen) in der unmittelbaren Nähe
- Schutz vor Niederschlag und Feuchtigkeitsbildung

TOTHOLZ EINFACH LIEGEN LASSEN

LIFE HACK

Viele Tiere profitieren von Totholz als Nahrung, Unterschlupf oder Baumaterial. Tatsächlich zählt Totholz sogar zu den lebendigsten Lebensräumen in der Natur. In deinem Garten kannst du also Laubhaufen, Baumstämme und altes Geäst einfach liegen lassen. Wenn du einen besonders guten Unterschlupf aus Totholz schaffen möchtest, kannst du daraus sogar eine Hecke bauen – eine sogenannte Benjeshecke. In jedem Fall werden dir Insekten, Igel und andere Tiere für dein Totholz danken.

NISTKÄSTEN FÜR VÖGEL

LIFE HACK

Im Baumarkt, aber auch bei Naturschutzorganisationen wie dem NABU, gibt es neben Vogelfutterhäuschen auch oft Nistkästen für Vögel zu kaufen. Diese können ganz unterschiedlich aussehen, denn verschiedene Vögel haben verschiedene Bedürfnisse. Wenn du Platz im Garten hast, zum Beispiel an einem Schuppen oder an einem Baum, ist es sehr wertvoll, dort Nistkästen für Vögel aufzuhängen. Und am Ende ist das ganze sogar eine Win-Win-Situation – denn wie schön ist es, Vogelfamilien im eigenen Garten zu beobachten? Übrigens gibt es Nisthilfen nicht nur für Vögel, sondern zum Beispiel auch für Fledermäuse.

SANDARIUM FÜR WILDBIENEN

Wusstest du, dass 75 % aller Wildbienenarten im Sand leben? Noch wertvoller als ein Insektenhotel ist für sie daher eine einfache brache Sandfläche – ein sogenanntes Sandarium.

ANSPRÜCHE DER WILDBIENEN

- Der verwendete Sand muss „ungewaschen" sein, das bedeutet, dass er seine Struktur behält und die Insekten daher Brutgänge bohren können (das kannst du auch einfach testen, indem du einen Finger in den Sand steckst und schaust, ob das Loch bestehen bleibt).
- Die Bienen brauchen Tiefe, daher solltest du den Sand mindestens 40–50 cm hoch aufschütten.
- Um Staunässe zu vermeiden, muss ein Sandarium mit Gefälle angelegt werden, damit das Wasser ablaufen kann.
- Nach dem Anlegen solltest du die Fläche nicht mehr betreten.
- Auch hier ist die Nähe zu Insektenfutter – also Blühpflanzen – essenziell.

LICHTVERSCHMUTZUNG IM GARTEN

Viele Tiere werden durch künstliches Licht stark eingeschränkt, so verlieren zum Beispiel Vögel ihren Orientierungssinn oder Insekten verwechseln die Lichter mit Sternen- und Mondschein und umkreisen diese dann oft bis zur totalen Erschöpfung.

Um Tieren nicht mit deiner Beleuchtung zu schaden, solltest du folgende Tipps beachten:

- Baue Bewegungsmelder oder bestenfalls sogar Zeitschaltuhren ein, damit die Beleuchtung nur an ist, wenn du sie wirklich brauchst.
- Vermeide insgesamt unnötige Beleuchtung in deinem Garten.
- Verwende nur Lampen, die nicht wärmer als 60 °C werden, damit Insekten nicht darin verglühen.

LIFE HACK

MÄHROBOTER NUR TAGSÜBER FAHREN LASSEN

Mähroboter können zwar die Gartenarbeit erleichtern und werden daher immer beliebter, sie sind aber auch eine tödliche Falle für Igel. Wenn Igel Gefahr wittern, rollen sie sich zusammen und bleiben an Ort und Stelle liegen. Mähroboter erkennen dies oft nicht als „Hindernis" und können Igel so stark verletzen oder sogar töten. Da Igel nachtaktiv sind, solltest du deinen Mähroboter daher auf keinen Fall nachts fahren lassen.

DEN BIORHYTHMUS VON TIEREN BEACHTEN

Der Biorhythmus von Tieren spielt eine entscheidende Rolle in ihrem täglichen Leben und kann auch großen Einfluss auf deinen Garten haben. Tiere haben im Laufe der Evolution ihre eigenen biologischen Rhythmen entwickelt, die eng mit den natürlichen Umweltbedingungen, der Tageszeit und der Jahreszeit verknüpft sind. Diese Rhythmen steuern ihre Aktivitäten, Bewegungen und Verhaltensweisen.

TAGESRHYTHMUS

Tiere haben oft einen ausgeprägten Tagesrhythmus – in Fachkreisen wird das auch der zirkadiane Rhythmus genannt. Dieser Rhythmus basiert auf dem natürlichen Wechsel von Tag und Nacht und beeinflusst, wann Tiere aktiv sind. Viele Tiere sind tagsüber aktiv, während andere in der Dämmerung oder nachts aktiv werden. Zum Beispiel sind Vögel in der Regel tagsüber aktiv, während Fledermäuse nachts auf Nahrungssuche gehen.

JAHRESRHYTHMUS

Der Jahresrhythmus, oder auch jahreszeitlicher Rhythmus, beeinflusst die Wanderung, Fortpflanzung und Winterruhe vieler Tiere. Während wir Menschen größtenteils versuchen, uns von den Jahreszeiten freizumachen, sind sie für Tiere von sehr großer Bedeutung.

Im Frühling erwacht die Tierwelt in Deutschland aus dem Winterschlaf oder der Winterruhe. Das ist die Zeit, in der viele Vögel aus ihren Winterquartieren zurückkehren, um zu brüten. Die Zugvögel wie viele Singvögel beginnen ihre langen Reisen aus südlicheren Regionen zurück in den Norden. Zahlreiche Vogelarten beginnen im Frühling mit dem Nestbau, um zu brüten. Der Frühling ist auch die Zeit, in der Schmetterlinge und Bienen wieder aktiver werden und beginnen, nach Nektar und Pollen zu suchen. Dabei unterstützen sie die ersten Blüten wie Krokusse und Schneeglöckchen. Manche Insektenarten bauen im Frühling Nester, legen ihre Larven oder verpuppen sich. Auch Amphibien wie Frösche und Kröten erwachen aus der Winterstarre und wandern zu ihren Laichgewässern.

Der Sommer ist in Deutschland die Hochsaison für die Tierwelt. Die Tage sind länger und wärmer und das fördert auch die Aktivität von Tieren. Viele Vögel brüten und ziehen ihre Jungen groß. Darunter sind auch Zugvögel, die hier ihre Jungen aufziehen, bevor sie im Herbst wieder in wärmere Regionen ziehen. Insekten wie Bienen, Schmetterlinge und Käfer sind besonders zahlreich und sammeln Nahrung von blühenden Pflanzen und bestäuben diese dabei. Aber auch Säugetiere wie Eichhörnchen, Hasen und Füchse sind im Sommer besonders aktiv. Sie begeben sich auf Nahrungssuche für sich und ihre Jungen.

Zum Herbst flacht die Aktivität der Tiere langsam wieder ab. Zugvögel, die im Frühling zurückgekommen sind, beginnen wieder ihre Reise in wärmere Regionen. Honigbienen sammeln verstärkt Pollen und Nektar, um einen Wintervorrat anzulegen. Andere Bienenarten bauen Nester, legen Larven oder verpuppen sich – dabei ist es abhängig von der Art, ob das im Frühling oder im Herbst passiert. Außerdem haben die Arten unterschiedliche Überwinterungsstrategien, einige Bienenarten und Falter überwintern in ihren Kokons als fertige Puppen, andere als Larven. Schmetterlinge legen im Herbst Eier auf geeigneten Pflanzen ab. Die Eier bleiben dann über den Winter liegen, bis im Frühling Raupen schlüpfen. Auch Säugetiere haben unterschiedliche Überwinterungsstrategien, die sie im Herbst vorbereiten. Eichhörnchen sammeln sich zum Beispiel einen Wintervorrat und verstecken überall Nüsse und andere Leckereien.

Der **WINTER** ist die größte Herausforderung für viele Tierarten, da die niedrigen Temperaturen, der Mangel an Nahrung und die begrenzte Verfügbarkeit von Wasser das Überleben erschweren.

Viele Vögel ziehen im Winter in wärmere Regionen und suchen auf dem Weg Schutz in Gärten, auf Balkonen und in anderen Unterschlupfen. Ein zunehmendes Problem ist hier allerdings der Klimawandel. Dadurch, dass der Herbst und Winteranfang in Deutschland nicht mehr so kalt wie früher sind, bleiben viele Zugvögel hier, was ihnen durch zu wenig Nahrung dann zum Verhängnis werden kann. Eichhörnchen und andere Kleinsäuger verbringen den Winter in ihren Nestern und Bauten und verlassen diese nur selten, um etwas Nahrung aufzunehmen.

Wie bereits erwähnt, haben Insekten unterschiedliche **ÜBERWINTERUNGSSTRATEGIEN**, viele überwintern als Larven, Eier oder Puppen, die oft an Pflanzen hängen. Daher ist es wichtig, wenn du Pflanzen zurückschneidest, vorher zu schauen, ob die Pflanze von Insekten zur Überwinterung genutzt wird. Im Zweifel kannst du die Pflanze einfach über den Winter stehen lassen und erst im Frühling zurückschneiden.

GÄRTNERN OHNE GARTEN

Auch ohne einen großen Garten kannst du in die Welt des Gärtnerns eintauchen und deinen grünen Daumen entfalten - dafür gibt es mehr Möglichkeiten, als du vielleicht denkst! Selbst in der Stadt auf kleinem Raum oder ganz ohne eigene Outdoor-Fläche kannst du loslegen: Verwandle einfach deinen Balkon oder deine Fensterbank in eine grüne Oase oder schließe dich mit anderen zu einem Gemeinschaftsprojekt zusammen.

GÄRTNERN AUF KLEINEM RAUM

Zum Gärtnern brauchst du nicht unbedingt einen riesigen Garten - oder auch nur eine größere Fläche. Auch auf deinem Balkon, der Terrasse oder sogar deiner Fensterbank kannst du gärtnern! Viele Pflanzen haben kein Problem damit, in Töpfen oder kleineren Beeten zu wachsen, und so kann schon ein mittelgroßer Balkon eine große Ausbeute an Kräutern, Gemüse und sogar manchen Obstsorten bringen. Aber deiner Kreativität sind keine Grenzen gesetzt und bei dem Thema geht Probieren definitiv über Studieren, denn viele Pflanzen kommen mit deutlich weniger Raum aus als gedacht.

INDOOR-GÄRTNERN

LIFE HACK

Auch ohne Outdoor-Platz musst du nicht komplett auf das Gärtnern verzichten, denn selbst Indoor gefällt es vielen Pflanzen. Gut geeignet sind dafür zum Beispiel Kräuter wie Basilikum und Schnittlauch, aber auch Pflücksalate wie Rucola. Auch hier solltest du definitiv experimentieren, ich habe zum Beispiel schon mal große Gurken und Chili-Pflanzen indoor gesehen. Bedenke aber, dass du drinnen selbst bestäuben musst, zum Beispiel mit einem Pinsel.

VERTIKAL GÄRTNERN MIT EINEM PFLANZENREGAL

Beim Gärtnern muss es nicht immer nur in die Breite gehen – wer wenig Platz hat, kann auch in die Höhe optimieren: mit einem Pflanzenregal. Dieses kannst du kaufen oder selbst bauen. Es ermöglicht es dir, 2–3 Kästen übereinander statt nebeneinander zu bepflanzen. Gut geeignet dafür sind eher flachwachsende Pflanzen, wie zum Beispiel Kräuter, Salate oder Erdbeeren, oder Pflanzen, die leicht in die Tiefe wachsen, wie Radieschen oder Karotten.

PFLANZENHALTERUNGEN FÜRS BALKONGELÄNDER

Die Fläche deines Balkons kannst du leicht erweitern, indem du am Geländer Pflanzenkästen oder Halterungen mit Töpfen befestigt. Dabei solltest du unbedingt die Hausregeln beachten, denn häufig darf man diese nicht nach außen hängen. Wenn du sie nach außen hängen darfst, pass auf, dass nichts herunterfällt. Pflanzen, die darin gerne wachsen, sind zum Beispiel Ringelblumen oder Kräuter und Salate.

GÄRTNERN AUF DER FENSTERBANK

Selbst ohne Balkon oder Terrasse haben viele Wohnungen eine ungenutzte Fläche, die du zum Gärtnern nutzen kannst: die Fensterbank. Manche sind so breit, dass du direkt Töpfe oder kleinere Pflanzkästen draufstellen kannst. An anderen kannst du zumindest etwas befestigen. Auch auf dieser kleinen Fläche lassen sich Kräuter, Blumen oder auch einige Gemüsepflanzen wie zum Beispiel Chilis anpflanzen.

INGWER AUF DER FENSTERBANK PFLANZEN

Eines meiner liebsten Gartenprojekte, das ich bisher umgesetzt habe, war das Anpflanzen von Ingwer. Eigentlich ist es in Deutschland für Ingwer zu kalt und outdoor würde ich es nie probieren. Durch die Liebe zu Ingwertee und allen möglichen Gerichten, die Ingwer beinhalten, hatte ich aber fast immer eine Knolle Ingwer zu Hause. Lange bevor ich mit dem Gärtnern begonnen habe, fiel mir aber immer wieder auf, dass der Ingwer irgendwann anfängt zu keimen. Da ich ein Fan vom Experimentieren bin, wurde er einmal kurzerhand eingepflanzt. Daraus wuchs eine große, etwas exotisch aussehende Pflanze – und etwa ein Jahr später habe ich die größte Ingwerknolle geerntet, die ich je gesehen habe!

DU BRAUCHST:

- eine gekeimte Ingwerknolle (dass die Knolle keimt, sollte ganz von allein passieren, wenn sie eine Weile im Warmen, z. B. in der Küche, liegt)
- ein Gefäß zum Einpflanzen, am besten eine breitere Pflanzenkiste, denn die Ingwerknolle wächst in die Breite und nicht in die Tiefe
- normale Gartenerde (torffrei und bio)

TIPP: Da der Ingwer sowieso drinnen angebaut wird, ist das Projekt ziemlich unabhängig von Jahreszeiten – wir haben mit dem Anbau beide Male Ende des Jahres (Oktober/November) begonnen und dann im Sommer geerntet.

Da Ingwer normalerweise in tropischen Regionen wächst, mag er es gerne nass, sei also nicht zu zaghaft beim Gießen.

1

1 OPTIONAL: Wenn du beim Keimen etwas nachhelfen möchtest, kannst du die Knolle über Nacht in lauwarmes Wasser legen. Es reicht ein ganz kleiner Trieb, der wenig herausschaut.

2 Fülle das Pflanzgefäß mit Erde und grabe dann ein Loch für den Ingwer.

3 Setze den Ingwer in die Erde. Er muss so herum eingesetzt werden, dass der Trieb nach oben schaut.

4 Bedecke die Knolle mit Erde, sodass der Trieb gerade so noch rausragt, und gieße sie etwas an.

5 Platziere das Gefäß nun auf der Fensterbank oder zumindest nah an einem Fenster. Vermeide dabei aber direkte Sonneneinstrahlung.

6 Dann heißt es geduldig sein: Es wird einige Monate dauern, bis der Ingwer fertig zum Ernten ist. Aus der Knolle wächst dabei eine große grüne Pflanze, die bei uns ca. 1 Meter hoch wurde.

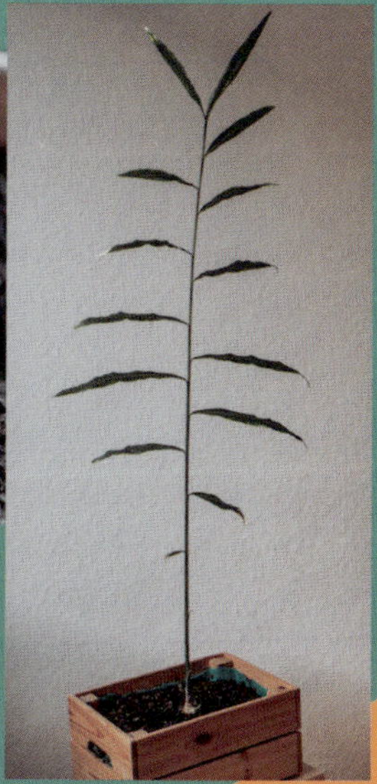

INGWER ERNTEN

Die überirdische Pflanze ist ein guter Anhaltspunkt, um abzuschätzen, wie groß die Knolle bereits ist. Für eine schön große Knolle wirst du ca. 8–10 Monate warten müssen, bis du erntest. Die Pflanze gibt euch aber noch einen weiteren Hinweis: Wenn die Blätter beginnen, sich gelb zu färben, ist es an der Zeit zu ernten. Dafür musst du nur die Knolle aus der Erde ausgraben und die grünen (oberirdischen) Pflanzenteile davon abschneiden. Dann wird die Knolle noch von der Erde und kleineren Wurzeln gereinigt, und fertig!

REGROWING

Regrowing ist ein spannendes Projekt, das du sowohl indoor als auch outdoor umsetzen kannst. Regrowing bedeutet, Gemüsereste – wie zum Beispiel Abfälle vom Kochen – erneut anzubauen, statt sie wegzuwerfen. Das ist eine nachhaltige Methode, um Lebensmittelverschwendung zu reduzieren und gleichzeitig eigenes Gemüse anzubauen. Dafür brauchst du meistens nicht mehr als ein Gefäß, Wasser und deinen Gemüserest. Die Methode funktioniert aber nicht mit jedem beliebigen Gemüserest und auch nicht mit jeder Sorte. Es ist aber auch spannend, einfach etwas herumzuprobieren. Viel zu verlieren hast du dabei nicht, denn die Gemüsereste fallen in der Küche sowieso an.

WELCHES GEMÜSE IST GEEIGNET UND WIE FUNKTIONIERT ES?

Frühlingszwiebeln

Mein absoluter Liebling zum Regrowing sind Frühlingszwiebeln. Dafür brauchst du nicht mehr als ca. 1–2 cm von der unteren, weißen Seite der Frühlingszwiebel, aus der normalerweise die Wurzeln wachsen. Im Wasser beginnt die Frühlingszwiebel schon nach wenigen Tagen nachzuwachsen und nach und nach entsteht eine komplett neue Pflanze. Wenn die Pflanze genug Wurzeln hat, kannst du sie sogar in Erde einpflanzen und immer wieder ernten. Damit kannst du dir aus einer einzigen Frühlingszwiebel einen quasi unendlichen Vorrat herstellen.

Lauch

Bei Lauch funktioniert das Regrowing genauso wie bei Frühlingszwiebeln. Wenn du ein paar Zentimeter des Lauchendstücks übriglässt und in Wasser stellst, hast du bald einen neuen Lauch, den du wieder zum Kochen verwenden kannst. Auch Lauch kannst du, wenn du möchtest, in Erde einpflanzen, sobald er im Wasserglas ein paar Wurzeln gebildet hat.

Stangensellerie

Bei Stangensellerie solltest du einen etwas größeren Rest des Strunks übriglassen, mindestens 4–5 cm. Es ist hier besonders wichtig, dass du das Herz der Pflanze nicht verletzt. Den Strunk stellst du dann für einige Tage in Wasser, bis sich genug Wurzeln gebildet haben – gleichzeitig wird die Pflanze beginnen, nachzuwachsen. Wenn die Wurzeln mindestens 1 cm lang sind, nimmst du die Pflanze aus dem Wasser und setzt du sie in einen Topf oder ein anderes Pflanzgefäß mit Erde.

Karottengrün

Als ich das erste Mal gelesen habe, dass man Karotten regrowen kann, wollte ich meinen Augen nicht trauen. Tatsächlich wächst hier beim Regrowing aber nicht die eigentliche Karotte nach, sondern das Karottengrün. Dieses ist schmackhaft für Pesto, grüne Smoothies oder in Salaten. Dafür musst du ca. 1 cm des stumpfen Endes der Karotte (wo normalerweise das Grün rauswächst) übriglassen und in Wasser stellen. Bereits nach wenigen Tagen beginnt das Karottengrün nachzuwachsen.

Salat

Auch Salate kannst du regrowen, das funktioniert allerdings nicht mit jeder Sorte gleich gut. Besonders geeignet sind Pflücksalat und Romanasalat. Hier brauchst du etwas mehr als den Strunk, nämlich das Salatherz. Das heißt, bei der Verarbeitung in der Küche pflückst du die äußeren Blätter ab und lässt ein großzügiges Salatherz zurück. Dieses stellst du dann in Wasser. Nach kurzer Zeit beginnen neue Salatblätter nachzuwachsen und es bilden sich Wurzeln. Wenn die Wurzeln etwa 1 cm lang sind, solltest du den Salat in Erde umsetzen. Beim Ernten kannst du dann genauso vorgehen wie zuvor: Wenn du nur die äußeren Blätter erntest und das Herz stehen lässt, werden immer neue Blätter nachwachsen.

ALLGEMEINE TIPPS

- Beim Regrowing im Wasser solltest du das Wasser alle paar Tage austauschen.
- Wähle für dein Indoor-Regrowing-Projekt einen Standort mit viel Licht, wie zum Beispiel eine Fensterbank.
- Das Regrowing erfordert etwas Geduld, je nach Pflanzenart kann es einige Wochen dauern, bis das Gemüse neu sprießt.
- Das Schöne am Regrowing ist, dass es immer und immer wieder funktioniert. Wenn du also beim Ernten wieder einen ausreichend großen Rest übriglässt, kannst du aus der gleichen Pflanze noch mehr nachwachsen lassen.

GÄRTNERN IM GEMEINSCHAFTS-GARTEN

Städte und Gemeinden stellen immer mehr Flächen zur Verfügung, um darauf Gemeinschaftsgarten-Projekte zu starten. So wird zum Beispiel ein Kleingarten oder ein Bereich eines Parks umgemodelt, um dort gemeinsam zu gärtnern. Normalerweise funktionieren Gemeinschaftsgärten so, dass es bestimmte Gemeinschaftsflächen gibt, wie zum Beispiel Obstbäume, einen Kompost, eine Kräuterspirale oder eine Terrasse mit Sitzmöglichkeiten. Außerdem werden Gartengeräte in der Regel geteilt und somit ist alles schon vorhanden und es muss nichts Neues gekauft werden. Dann hat jedes Mitglied aber auch seinen eigenen Bereich, zum Beispiel ein Beet oder Hochbeet, wo man anpflanzen kann, was man möchte. Oft sind die Projekte als Verein eingetragen und die Mitgliedschaft ist daher auch recht kostengünstig.

Um einen Gemeinschaftsgarten zu finden, halte am besten Augen und Ohren offen. Oft findet man diese zum Beispiel bei einem ausgiebigen Spaziergang durch die Nachbarschaft. Wenn du bei Spaziergängen oder Radtouren nichts entdeckst, frage Freunde und Verwandte oder such im Internet danach. Teilweise gibt es auch Gemeinschaftsgärten, in denen alles der Gemeinschaft gehört, du also kein eigenes Beet bekommst. Das kann eine super Gelegenheit sein, sich die Verantwortung mit anderen zu teilen und so trotzdem zu gärtnern, auch wenn du weniger Zeit investieren kannst oder möchtest.

GUERILLA GARDENING

Was als Form des politischen Protests gestartet ist, ist heute deutlich akzeptierter und aus Großstädten nicht mehr wegzudenken. Früher hieß Guerilla Gardening, heimlich öffentliche Flächen zu bepflanzen, um damit ein politisches Statement zu setzen. Heute hat fast jede Stadt große Blühwiesen und konkrete Flächen für Urban Gardening, wie Hochbeete auf Betonflächen. Dennoch gibt es viele ungenutzte Flächen und es lohnt sich immer noch, diese zu begrünen. Die daraus entstehenden kleinen grünen Orte mit heimischen Wildblumen sind nicht nur schön anzusehen, sondern helfen auch Bienen und anderen Insekten. Aber Achtung: Guerilla Gardening machst du auf eigene Gefahr. Offiziell gilt es in Deutschland nämlich als Sachbeschädigung, Flächen einfach zu bepflanzen.

SAATBOMBEN

DU BRAUCHST:

- 200 g Blumenerde (torffrei und bio)
- 200 g Tonerde-Pulver oder Katzenklumpstreu
- 3 Päckchen Wildblumen-Saatgut (heimisch und samenfest)
- Schüssel

ZUBEREITUNG

1

1 Fülle die Blumenerde in die Schüssel und lockere sie auf, entferne dabei gröbere Teile wie Wurzeln, Rinde oder Äste.

2 Gib das Tonerde-Pulver oder Katzenklumpstreu und das Saatgut hinzu und mische alles.

3 Füge nun langsam Wasser hinzu, bis sich die Masse formen lässt.

4 Forme/rolle aus der Masse etwa walnussgroße Saatbomben. (Die Menge reicht für ca. 20 Stück.)

5 Lass die Kugeln auf einem Gitter oder altem Zeitungs-/Packpapier für 48 Stunden trocknen. Drehe sie dabei ein paarmal um.

6 Wenn sie getrocknet sind, lagere die Saatbomben bis zur Nutzung im Dunkeln, damit sie nicht zu keimen beginnen.

ANWENDUNG: Wenn du das nächste Mal ein Fleckchen Erde siehst, das begrünt werden könnte, lege eine oder mehrere Saatbomben auf die Erde und gieße sie etwas an, zum Beispiel mit Wasser aus deiner Trinkflasche. Wenn du etwas mehr Zeit hast, kannst du die Saatbombe auch ein wenig eingraben, sodass sie ein paar Millimeter unter der Oberfläche liegt.

URBAN GARDENING

Der Begriff Urban Gardening umfasst auch Guerilla Gardening sowie Gärtnern im Gemeinschaftsgarten oder auf dem Balkon. Es gibt aber noch weitere Möglichkeiten, in der Stadt ohne eigenen Garten zu gärtnern. Du kannst dich zum Beispiel auf eine Parzelle in einem Kleingartenverein bewerben, nach Mietgärten suchen oder eine Patenschaft für ein Beet, zum Beispiel eine Fläche unter einem Baum an der Straße, übernehmen. Der Kreativität sind dabei keine Grenzen gesetzt. Vielleicht kannst du dich auch mit anderen Mietern oder Eigentümern zusammentun, um in eurer Nachbarschaft Hochbeete aufzustellen oder eine Blühwiese anzulegen. Außerdem bieten viele Naturschutzorganisationen, wie zum Beispiel der NABU, für ihre Mitglieder oder Aktiven die Möglichkeit, gemeinsame Flächen zu betreuen, wie zum Beispiel Streuobstwiesen, Blühstreifen oder ganze Urban-Gardening-Projekte.

STRASSENBEET-PATENSCHAFT

LIFE HACK

In vielen Gemeinden gibt es die Möglichkeit, Pate für ein Beet am Straßenrand zu werden. Straßenbeete findest du zum Beispiel rund um Bäume am Straßenrand, im Randstreifen oder auf Verkehrsinseln. Diese sind oft gar nicht oder nur spärlich bepflanzt. Bevor du mit dem Pflanzen loslegst, solltest du ganz offiziell eine Patenschaft für das Straßenbeet übernehmen. Frag dafür am besten bei deiner Gemeinde nach. Danach sind deiner Fantasie – im Rahmen der möglicherweise vorhandenen Regeln – keine Grenzen gesetzt. Besonders gut eignet sich zum Beispiel eine kleine Blühwiese für Insekten oder Blumen.

NÜTZLICH & HILFREICH

Dein grüner Daumen wird noch stärker mit nützlichen Hilfsmitteln! Plane deine Pflanzungen mit einem Saisonkalender, vermeide ungünstige Kombinationen von Pflanzen mit Hilfe der Liste der guten und schlechten Beetnachbarn und behalte mit Checklisten den Überblick über wichtige Aufgaben im Garten. Die folgenden Inhalte machen das Gärtnern nicht nur einfacher, sondern auch erfolgreicher, und ergänzen die vorherigen Kapitel mit noch mehr wertvollem Wissen.

CHECKLISTE: DAS GARTENJAHR

MÄRZ BIS MAI

GARTENVORBEREITUNG

- [ ] Unkraut entfernen
- [ ] erste Düngung (z. B. Kompost in den Boden einarbeiten)
- [ ] Gründünger oder übrig gebliebenen Mulch in den Boden einarbeiten
- [ ] Werkzeuge vorbereiten

PFLANZENVORBEREITUNG UND -PFLEGE

- [ ] Gemüsepflanzen drinnen oder im Gewächshaus vorziehen
- [ ] Direktsaat von kälteresistenten Sorten (z. B. Karotten, Radieschen)
- [ ] Gartenplan erstellen (Wo soll welche Pflanze gepflanzt werden? Siehe auch Seite 66.)
- [ ] Pflanzen zurückschneiden, die davon profitieren, z. B. Rosen oder Flieder
- [ ] Obstbäume und -sträucher zurückschneiden

JUNI BIS AUGUST

- [ ] nach den Eisheiligen: angezogene Pflanzen ins Beet setzen
- [ ] Direktsaat von Pflanzen wie Salat, Rettich oder Spinat
- [ ] zweite Aussaat von Pflanzen wie Radieschen
- [ ] falls nötig: Pflanzen dazukaufen
- [ ] morgens oder abends bewässern
- [ ] nach Schädlingen und Krankheiten Ausschau halten und sie (auf natürliche Weise) bekämpfen
- [ ] Insektentränke und/oder größere Tränke für Vögel aufstellen und füllen
- [ ] Starkzehrer alle 3–4 Wochen düngen
- [ ] Ernte und Lagerung

SEPTEMBER BIS NOVEMBER

GARTENPFLEGE

- ☐ kranke Pflanzenreste und Unkraut entfernen
- ☐ Laub (nur von Wegen) harken und in Haufen liegen lassen
- ☐ Nistkästen reinigen und wieder anbringen
- ☐ auf freien Beeten Gründünger aussäen oder mulchen, damit keine Bodenerosion erfolgt
- ☐ Ernte lagern oder konservieren, z. B. einfrieren, trocknen, einkochen

PFLANZENPFLEGE & PFLANZUNG

- ☐ zweite Aussaat, z. B. Spinat, Kohl oder Brokkoli
- ☐ nicht kälteresistente Pflanzen (z. B. Tomaten) abernten, Früchte ggf. nachreifen lassen
- ☐ Saatgut entnehmen, in beschriftete Umschläge füllen und trocken lagern
- ☐ Pflanzen, die im Frühjahr blühen, zurückschneiden, z. B. Lavendel oder Stauden
- ☐ Gehölze zurückschneiden, z. B. Bäume und Hecken
- ☐ Stecklinge schneiden und pflanzen
- ☐ heimische Stauden und Gehölze pflanzen

DEZEMBER BIS FEBRUAR

- ☐ Wintergemüse ernten
- ☐ Gartenplan erstellen und ggf. Saatgut kaufen
- ☐ Gartenwerkzeuge reinigen und verstauen
- ☐ Vogelhäuschen aufstellen und mit Futter füllen
- ☐ Kübelpflanzen vor Kälte schützen, z. B. mit Hanfmatten
- ☐ Gartenmöbel abdecken oder reinholen

GUTE & SCHLECHTE BEETNACHBARN

GEMÜSE-PFLANZE	GUTE NACHBARN	SCHLECHTE NACHBARN
Aubergine	Radieschen, Spinat, Basilikum, Salat	Erbse, Rote Beete
Bohne	Gurke, Kürbis, Tomate, Salat, Rhabarber, Dill, Borretsch, Kapuzinerkresse, Salbei	Erbse, Frühlingszwiebel, Zwiebel, Knoblauch
Chili	Petersilie, Salat, Karotte, Knoblauch, Zwiebel	Kartoffel, Kapuzinerkresse, Himbeere
Erbse	Salat, Rhabarber, Karotte, Dill, Radieschen, Salbei, Zucchini, Borretsch, Himbeere, Gurke	Aubergine, Bohne, Frühlingszwiebel, Zwiebel, Knoblauch, Tomate
Feldsalat	Borretsch, Erdbeere, Radieschen	-
Frühlingszwiebel	Erdbeere, Karotte, Pastinake, Gurke, Salat	Erbse, Bohne
Gurke	Erbse, Bohne, Frühlingszwiebel, Zwiebel, Kopfsalat, Knoblauch, Paprika, Spinat, Dill, Basilikum, Borretsch	Radieschen, Zucchini, Kürbis, Tomate

Karotte	Erbse, Frühlingszwiebel, Zwiebel, Radieschen, Dill, Knoblauch, Minze, Schnittlauch, Rosmarin, Salbei, Tomate, Thymian	Pastinake
Kartoffel	Bohne, Minze, Kapuzinerkresse, Mais, Kohlrabi, Borretsch, Spinat, Pastinake	Himbeere, Tomate, Erbse, Kürbis, Salat, Aubergine
Knoblauch	Karotte, Erdbeere, Salat, Gurke, Tomate, Himbeere	Erbse, Bohne, Zwiebel, Schnittlauch
Kopfsalat	Aubergine, Bohne, Rhabarber, Erbse, Radieschen, Knoblauch, Borretsch, Dill, Pastinake, Frühlingszwiebel	Petersilie, Kartoffel
Kürbis	Bohne, Zwiebel	Gurke, Zucchini
Mangold	Karotte, Radieschen, Bohne, Pastinake	Spinat
Paprika	Petersilie, Salat, Karotte, Knoblauch, Zwiebel	Kartoffel, Kapuzinerkresse, Himbeere
Pastinake	Kartoffel, Radieschen, Salat, Spinat, Zwiebel, Mangold, Frühlingszwiebel	Karotte, Dill, Liebstöckel, Koriander, Sellerie, Fenchel
Pflücksalat	Rhabarber, Bohne, Erbse, Dill, Aubergine, Knoblauch, Borretsch, Radieschen, Frühlingszwiebel, Pastinake	Petersilie, Sellerie, Kartoffel
Radieschen	Aubergine, Salat, Spinat, Erbse, Karotte, Bohne, Mangold, Petersilie, Minze, Dill, Erdbeere, Borretsch, Pastinake	Gurke, Rosmarin

Rucola	Karotte, Zwiebel	Kohl
Spinat	Rhabarber, Radieschen, Bohne, Tomate, Aubergine, Erdbeere, Kartoffel, Pastinake	Mangold
Tomaten	Salat, Knoblauch, Petersilie, Basilikum, Zwiebel, Bohne, Radieschen, Karotte, Kapuzinerkresse, Spinat	Gurke, Kartoffel, Erbse
Zucchini	Basilikum, Borretsch, Bohne, Zwiebel, Kapuzinerkresse	Kürbis, Gurke
Zwiebel	Karotte, Kürbis, Erdbeere, Salat, Majoran, Gurke, Zucchini, Tomate, Petersilie, Pastinake, Himbeere	Bohne, Kartoffel, Erbse

OBST-PFLANZE	GUTE NACHBARN	SCHLECHTE NACHBARN
Erdbeere	Borretsch, Bohne, Frühlingszwiebel, Zwiebel, Kopfsalat, Radieschen, Schnittlauch, Spinat, Knoblauch	Himbeere, Kohl
Himbeere	Kapuzinerkresse, Knoblauch, Zwiebel, Erbse	Kartoffel, Erdbeere, Tomate, Paprika, Chili
Rhabarber	Salat, Spinat, Bohne, Erbse	–

Kräuter-pflanze	Gute Nachbarn	Schlechte Nachbarn
Basilikum	Tomate, Aubergine, Zucchini, Gurke	Dill, Salbei, Thymian
Dill	Gurke, Karotte, Zwiebel, Erbse, Radieschen, Bohne, Salat	Pastinake, Basilikum, Fenchel
Kapuzinerkresse	Kartoffel, Tomate, Bohne, Himbeere	Paprika, Chili
Majoran	Zwiebel	–
Minze	Karotte, Kartoffel, Radieschen, Tomate, Salat	–
Oregano	Lavendel	–
Petersilie	Radieschen, Tomate, Schnittlauch, Zwiebel	Salat
Rosmarin	Karotte, Salbei, Schnittlauch, Lavendel	Radieschen
Thymian	Karotte, Lavendel	Basilikum
Salbei	Karotte, Rosmarin, Bohne, Erbse, Lavendel	Salat, Basilikum
Schnittlauch	Karotte, Erdbeere, Petersilie, Tomate, Rosmarin	Bohne, Knoblauch
Zitronenmelisse	Minze, Lavendel	–

SAISONKALENDER

- Anzucht (drinnen)
- Aussaat/ Stecken (im Freien)
- Ernte

	Aubergine	Basilikum	Bohne	Chili	Dill	Erbsen	Feldsalat	Frühlings-zwiebel	Gurke	Karotte	Kartoffel	Knoblauch	Kopfsalat
	GEMÜSE												
JANUAR	Anzucht						Ernte						
FEBRUAR	Anzucht			Anzucht			Ernte		Anzucht				Anzucht
MÄRZ		Anzucht		Anzucht		Aussaat	Ernte	Aussaat	Anzucht	Aussaat			Anzucht
APRIL		Anzucht			Aussaat	Aussaat		Aussaat	Anzucht	Aussaat	Aussaat		Anzucht
MAI			Aussaat		Aussaat / Ernte	Aussaat		Aussaat		Aussaat	Aussaat		Anzucht
JUNI	Ernte	Ernte	Aussaat		Aussaat / Ernte	Aussaat / Ernte		Aussaat / Ernte	Ernte				Anzucht / Ernte
JULI	Ernte	Ernte	Ernte	Ernte	Aussaat / Ernte	Ernte		Ernte	Ernte				Anzucht / Ernte
AUGUST	Ernte	Ernte	Ernte	Ernte	Ernte	Ernte	Aussaat	Ernte	Ernte	Ernte	Ernte	Ernte	Ernte
SEPTEMBER	Ernte	Ernte	Ernte	Ernte	Ernte	Ernte	Aussaat	Ernte	Ernte	Ernte	Ernte	Aussaat	Ernte
OKTOBER	Ernte		Ernte		Ernte		Ernte	Ernte		Ernte		Aussaat	
NOVEMBER							Ernte	Ernte					
DEZEMBER							Ernte						

Kürbis
Majoran
Mangold
Minze
Oregano
Paprika
Petersilie
Pflücksalat
Radieschen
Rucola/ Rauke
Spinat
Thymian
Salbei
Schnittlauch
Tomate
Zucchini
Zwiebeln

LISTE BIENENFREUNDLICHER PFLANZEN

BLUMEN

- ☐ Hornveilchen
- ☐ Kapuzinerkresse
- ☐ Klatschmohn
- ☐ Klee
- ☐ Kornblume
- ☐ Löwenmäulchen
- ☐ Maiglöckchen
- ☐ Primel
- ☐ Ringelblume
- ☐ ungefüllte Dahlien
- ☐ Vergissmeinnicht

KRÄUTER

- ☐ Basilikum
- ☐ Borretsch
- ☐ Lavendel
- ☐ Minze
- ☐ Oregano
- ☐ Rosmarin
- ☐ Salbei
- ☐ Schnittlauch
- ☐ Thymian
- ☐ Ysop
- ☐ Zitronenmelisse

BÄUME

- ☐ Ahorn
- ☐ Apfel
- ☐ Kastanie
- ☐ Kirsche
- ☐ Linde
- ☐ Mandel

HECKEN & STRÄUCHER

- ☐ Brombeere
- ☐ Haselnuss
- ☐ Himbeere
- ☐ Johannisbeere
- ☐ Weide

ONLINE-SHOPS & WEBSEITEN

SHOPS FÜR NACHHALTIGES GÄRTNERN:

- shop.plantura.garden
- avocadostore.de/wohnen/garten-baumarkt
- smarticular.net/Nachhaltige-Produkte/Nachhaltiges-Zuhause/Garten/
- nabu-shop.de/garten-und-tierwelt (Arten- und Tierschutz)
- daheeme.com/garten/ (nachhaltige Werkzeuge)
- bingenheimersaatgut.de (samenfestes Bio-Saatgut)

BLOGS UND INFORMATIONSSEITEN ZU NACHHALTIGKEIT & GÄRTNERN:

- be-fabulous.de (mein eigener Blog)
- gartenjournal.net
- plantura.garden
- nabu.de
- utopia.de
- incapitalletters.de

WEITERE EMPFEHLUNG:

Mein Workbook „Erstelle deinen eigenen Gartenplan“ auf Etsy @BeFabulousShop.

PLATZ FÜR DEINE NOTIZEN

PLATZ FÜR DEINE NOTIZEN

#TOPPPROJEKT

Die eigene Kreativität zeigen: TOPPprojekt mit anderen Kreativen teilen und Teil der Gemeinschaft werden.

DIY-begeistert und auf Instagram?
Dann unbedingt mitmachen!

Hier gibt's Tipps und Feedback zu den eigenen Projekten. Außerdem verlosen wir jeden Monat ein Überraschungspaket.

Um am Gewinnspiel teilzunehmen, einfach ein Bild vom Kreativ-Projekt aus unseren Büchern mit #TOPPprojekt posten und unserem Account @frechverlag folgen.

Mehr Infos auf TOPP-kreativ.de/TOPPprojekt

Website
Auf TOPP-kreativ.de kannst du ein riesiges Angebot von über 1.000 Kreativbüchern, Sets & mehr entdecken.

Newsletter
Gleich anmelden unter: TOPP-kreativ.de/newsletter und immer als Erstes von unseren Neuheiten und Sonderaktionen erfahren.

Instagram
@frechverlag

Pinterest
pinterest.com/frechverlag

Facebook
facebook.com/frechverlag

DigiBib
Hier findest du zusätzlich zu vielen unserer Bücher digitale Extras, wie Video-Tutorials, Plotter-Dateien, Vorlagen, Übungsblätter & vieles mehr. Einfach im Impressum deines TOPP-Buchs den Freischalte-Code nachschlagen und exklusive Inhalte freischalten. TOPP-kreativ.de/digibib

Youtube
youtube.com/frechverlag

Wer wir sind, wie wir arbeiten, was wir lieben ...

Auf Instagram, Facebook und Pinterest findest du mehr über uns und unsere Arbeit und wirst immer schnell und einfach mit den neuesten Infos versorgt.

Alle News, alle Infos und alle Links findest du auf www.TOPP-kreativ.de

IMPRESSUM

TEXTE, BILDER UND SKIZZEN: Eva Wolf
ILLUSTRATIONEN: Adobe Stock/StellaArts (S. 69, Waldmeister),
Adobe Stock/cat_arch_angel (S. 69, Kapuzinerkresse); freepik (alle übrigen)
PRODUKTMANAGEMENT UND LEKTORAT: Magdalena Wassen
COVERGESTALTUNG: Eva Hook
GESAMTHERSTELLUNG: Katrin Röhlig
SATZ: Bernadett Linseisen (schere.style.papier), München
DRUCK UND BINDUNG: Neografia, Slowakei

1. Auflage 2024

ISBN 978-3-7358-5237-3 · Best.-Nr. 25237

MIX
Papier | Fördert gute Waldnutzung
FSC® C020353
FSC www.fsc.org

Penguin Random House Verlagsgruppe
FSC® N001967

SERVICE-HOTLINE

Hast du Fragen oder gibt es ein Problem? Wir helfen dir gern. Ruf uns an oder schreib uns eine E-Mail:

Telefon: 0711 / 123 757 20*
E-Mail: hilfe@frechverlag.de
*normale Telefongebühren

Weitere Informationen zum Verlag und zu unserem gesamten Programm findest du unter: www.topp-kreativ.de